한자자격시험 완벽 대비

(사)한자교육진흥회 주관 | 한국한자실력평가원 시행

한 번에 합격하는

한자자격시험 실전문제집

2급

김시현 지음
(사)한자교육진흥회 감수

머리말

대학과 학원, 기업 등 여러 장소에서 다양한 학생들을 상대로 강의를 하다 보면, 단순히 자격증 취득을 넘어서 이를 계기로 우리말 어휘력이 상당히 향상되었다는 소감을 많이 듣게 됩니다. 또한 한자로 이루어진 단어의 정확한 의미를 파악하지 못해 학습 또는 업무 효율이 떨어진다는 등의 곤란을 호소하는 이들도 많습니다.

지난 수년간 한글전용논의가 계속되어 왔지만, 결과가 이와 같은 것은 무슨 까닭일까요? 바로 한자와 중국어를 구분하지 못하고 헷갈린 때문입니다. 한자는 수천 년간 한자 문화권에서 통용되어진 문자로, 중국에서는 그들의 문화에 맞게, 또 우리나라에서는 우리의 문화에 맞게 변천되어 왔습니다. 때문에 한자를 모르면 우리말 구사력이 현저히 떨어질 수밖에 없습니다.

그러나 아직까지도 우리의 한자교육은 우리말과 단어를 제대로 구사하는 것보다는, 그야말로 천자문을 외우듯 개별한자를 암기하도록 하는 데 초점이 맞추어져 있습니다. 2,000자를 읽는다고 해도 실제 어문에서의 활용이 어렵다면 이는 살아있는 공부라 하기 어려울 것입니다. 그런 의미에서 한자자격시험은 한자와 한자어 학습의 균형을 잡는 데 도움이 된다 하겠습니다. 뿐만 아니라 교과서에 나오는 단어나 시사, 경제 등 다분야의 실용한자어를 자연스럽게 익히도록 되어 있어 한자는 물론, 어휘력과 사고력을 향상시키는 결과도 기대할 수 있습니다. 이 책은 이러한 사단법인 한자교육진흥회의 출제의도를 충실히 반영하여 만들어진 예상 및 기출문제집입니다. 특히 예상문제들은 다년간의 강의 경험을 통해 출제경향과 빈도를 가능한 철저히 분석하여 만들었습니다.

한자자격시험 준비를 통해 자신의 어문실력을 한층 업그레이드할 수 있기를 바랍니다. 더불어 본서가 보다 효율적으로 실전에 대비하는 데 도움이 될 수 있기를 희망합니다.

김시현

목 차

한자자격시험 안내

1. 국가공인자격시험

- 한자자격시험은 국가에서 공인한 시험(신규공인: 2004. 1, 재공인: 2006. 2)입니다.
- 자격종목 및 등급: 한자실력급수(사범, 1급, 2급, 3급)
  ※교양한자급수: 준3급, 4급, 준4급, 5급, 준5급, 6급, 7급, 8급
- 국가공인 한자자격 취득자는 법률에 의거, 여타의 국가공인 자격증과 똑같은 대우를 받습니다.
- 국가공인 한자자격을 취득한 초 · 중 · 고등학생은 교육인적자원부(현 교육과학기술부) 훈령 제719호에 의거, 학교생활기록부 자격증 및 인증취득상황란에 등재됩니다.

2. 한자자격시험의 특징

한자사용능력을 종합적으로 평가합니다.

한자평가원에서 시행하는 한자자격시험은 단순히 한자를 많이 암기하는 능력을 평가하는 시험이 아닙니다. 한자에 대한 이해, 실생활에서의 한자 활용능력, 어휘력, 교과서한자어 인지도 등을 종합적으로 평가하며 이 과정을 통해 자연스럽게 언어능력 및 문장 구성능력이 향상될 수 있습니다.

사고력과 어휘력을 향상시킵니다.

한자자격시험은 사고능력을 향상시킬 수 있도록 구성되어 있습니다. 한자자격시험 대비 교재를 공부하는 과정을 통해 자연스럽게 사고력과 어휘력의 향상이 이루어질 수 있습니다.

학업성적 향상에 기여합니다.

초 · 중등학교 교과서에 자주 나오는 한자어를 평가하고 있으므로, 시험대비 과정을 통해 자연스럽게 교과서에 나오는 어려운 어휘에 대한 이해력을 높여 학교에서의 학업능력을 향상시킵니다.

교과학습능력을 신장시킵니다.

한자자격시험은 각 학교급별 수준에 맞는 내용으로 급수별 평가를 시행하고 있습니다. 각 급수의 수준을 초등학교 1학년부터 고등학교 3학년, 대학, 일반 등으로 나누어 제시하고 있으며, 다시 해당 교과서에 자주 등장하는 단어(한자어)를 분석하여 한자 공부를 할 수 있도록 하고 있습니다. 이를 바탕으로 학습자는 자신이 공부해야 할 급수를 선택할 수 있고, 또 학습과정을 통해 해당 교과서에 나오는 한자어를 공부하게 됩니다. 이는 교과서 단어에 대한 뜻을 정확히 이해하고 해석하는 데 도움을 주어 결과적으로 교과학습 성취도를 높이는 데 도움이 됩니다.

(1) 한자자격시험

- 주관: 사단법인 한자교육진흥회(社團法人 漢字敎育振興會)
- 시행: 한국한자실력평가원(韓國漢字實力評價院)

(2) 한자자격시험 일정

- 연 4회
- 매 2월, 5월, 8월, 11월 시행(사정에 따라 변경될 수 있음)
- 응시자격: 제한 없음

(3) 한자자격시험 준비물 및 입실 시간

- 접수 준비물: 기본인적사항, 응시원서, 응시료, 반명함판 사진(3cm×4cm) 2매
- 시험 준비물
  ① 수험표
  ② 신분증
   (학생증, 주민등록증, 운전면허증, 여권―초등학생과 미취학 아동은 건강보험증 또는 주민등록등본)
  ③ 컴퓨터용 사인펜
  ④ 검정색 필기구(연필 사용 불가)
  ⑤ 수정 테이프(수정액 사용 불가)
- 고사장 입실시간: 시험 시작 20분 전까지

(4) 한자자격시험 급수별 출제범위

급수		사범	1급	2급	3급	준3급	4급	준4급	5급	준5급	6급	7급	8급
평가 한자수	계	5,000자	3,500자	2,300자	1,800자	1,350자	900자	700자	450자	250자	170자	120자	50자
	선정 한자	5,000자	3,500자	2,300자	1,300자	1,000자	700자	500자	300자	150자	70자	50자	30자
	교과서·실용 한자어	―	500단어	500단어	500자 (436단어)	350자 (305단어)	200자 (156단어)	200자 (139단어)	150자 (117단어)	100자 (62단어)	100자 (62단어)	70자 (43단어)	20자 (13단어)

- 한자자격시험은 사범~8급까지 총 12개 급수로 구성되어 있습니다.
- 국가공인급수는 사범~3급까지 4개 급수이며, 민간자격법에 의한 교양한자급수는 준3급~8급까지 8개 급수입니다.
- 1급과 2급은 직업분야별 실용한자어, 3급 이하는 교과서한자어를 뜻합니다.

(5) 급수별 출제 문항수 및 출제기준

구분		급수	사범	1급	2급	3급	준3급	4급	준4급	5급	준5급	6급	7급	8급 (첫걸음)
	문항수 합계		200	150	100	100	100	100	100	100	100	80	50	50
출제 기준	주관식	문항수	150	100	70	70	70	70	70	70	70	50	20	20
		비율(%)	75% 이상	65% 이상	70% 이상	70% 이상	70% 이상	70% 이상	70% 이상	70% 이상	70% 이상	60% 이상	40% 이상	40% 이상
		한자쓰기 (비율%)	25	25	25	20	20	20	20	20	20	10	–	–
	객관식	문항수	50	50	30	30	30	30	30	30	30	30	30	30
문항별 배점			2	2	2	2	1	1	1	1	1	1.25	2	2
만점 (환산점수: 100점 만점)			400 (100)	300 (100)	200 (100)	200 (100)	100	200 (100)	100	100	100	100	100	100

(6) 급수별 합격기준

구분	급수	사범	1급	2급	3급	준3급	4급	준4급	5급	준5급	6급	7급	8급 (첫걸음)
합격기준 (문항수 기준)		80% 이상	70% 이상	70% 이상	70% 이상	70% 이상	70% 이상	70% 이상	70% 이상	70% 이상	70% 이상	70% 이상	70% 이상

(7) 급수별 시험시간, 출제유형별 비율

구분		급수	사범	1급	2급	3급	준3급	4급	준4급	5급	준5급	6급	7급	8급 (첫걸음)
시험시간			120분	80분	60분	60분	60분	60분	60분	60분	60분	60분	60분	60분
유형 비율 (%)	급수별 선정 한자	훈음	25	15	15	15	15	15	15	15	15	20	25	25
		독음	35	15	15	15	15	15	15	15	15	20	25	25
		쓰기	25	20	20	20	20	20	20	20	20	10	–	–
		기타	15	15	15	15	15	15	15	15	15	15	15	15
		소계	100	65	65	65	65	65	65	65	65	65	65	65
	교과서 실용 한자어	독음	–	10	10	15	15	15	15	15	15	15	15	15
		용어뜻	–	10	10	10	10	10	10	10	10	10	10	10
		쓰기	–	5	5	0	0	0	0	0	0	0	0	0
		기타	–	10	10	10	10	10	10	10	10	10	10	10
		소계	–	35	35	35	35	35	35	35	35	35	35	35
합계			100	100	100	100	100	100	100	100	100	100	100	100

한자자격시험 안내

⑻ 국가공인 한자자격 취득자 우대

- 자격기본법 제27조에 의거 국가자격 취득자와 동등한 대우 및 혜택
- 직업교육훈련기관에서 입학 전형자료로 활용
- 직업능력의 우월성 인정으로 취업 시 우대
- 공공기관과 기업체 채용, 보수, 승진과정에서 우대하며 전문대학, 대학교 입학 시 가산점 인정
  ※우대 반영 비율 및 세부사항은 기업체 및 각 대학 입시요강에 따름
- 초 · 중 · 고등학생은 교육인적자원부(현 교육과학기술부) 훈령 제719호에 따라 학교생활기록부 자격증 및 인증취득상황란에 등재
- 대상 급수: 사범, 1급, 2급, 3급

이 책의 특징과 구성

이 책은 국가공인 한자자격시험 관리 운영기관인 '(사)한자교육진흥회'가 주관하고, '한국한자실력평가원'에서 시행하는 국가공인 2급 한자자격시험 대비 실전문제집입니다.

■ 이 책은 한자자격시험의 평가기준과 평가의도를 정확히 반영하고 있습니다.

■ 지금까지 여타 '한자검정'은 한자의 글자수 암기능력만을 측정하여 자격을 부여하고 있습니다. 반면 한자자격시험은 한자 인지 학습은 물론, 직업군별로 자주 쓰이는 '실용한자어'에 대한 학습 등을 통해 일반적인 시사용어에 대한 이해를 높이고 직업별 업무수행능력을 향상시켜 줍니다. 이 책은 이러한 평가 방향과 내용을 정확히 분석하여 학습 효과는 물론이고, 최고의 한자자격시험 적중률을 자랑합니다.

■ 책의 앞부분에 급수별 선정한자 목록을 수록하였습니다. 2급 선정한자 2,300자는 3급까지의 하위급수 한자에 2급 고유한자 1,000자가 더해진 것입니다. 선정한자 1,000자는 출제빈도를 철저히 분석하여 빈도수가 높은 700자와 낮은 300자를 분류, '우선한자'와 '인지명한자'로 나누어 소개해 학습효율을 높였습니다. 인지명한자 300자는 회당 출제 문항수가 대략 8문항 이하이고, 주로 읽기 위주로 출제되므로 중요도가 높은 700자를 우선적으로 학습할 수 있습니다.

■ 각 단원은 예상문제 16회와 기출문제 4회로 구성되어 있습니다. 특히 예상문제는 최근 기출경향 및 출제빈도를 철저히 분석하여 만들어졌습니다. 또한 정답을 작성할 수 있는 답안지를 수록하여 가장 실전에 가까운 모의시험이 가능하도록 했습니다.

급수별 선정한자 일람표

8급 선정한자

九	아홉 구
口	입 구
女	계집 녀
六	여섯 륙
母	어머니 모
木	나무 목
門	문 문
白	흰 백
父	아버지 부, 남자미칭 보
四	넉 사
山	메 산
三	석 삼
上	위 상
小	작을 소
水	물 수
十	열 십
五	다섯 오
王	임금 왕
月	달 월
二	두 이
人	사람 인
日	날 일
一	한 일
子	아들 자
中	가운데 중
七	일곱 칠
土	흙 토
八	여덟 팔
下	아래 하
火	불 화

7급 선정한자

江	강 강
工	장인 공
金	쇠 금, 성 김
男	사내 남
力	힘 력
立	설 립
目	눈 목
百	일백 백
生	날 생
石	돌 석
手	손 수
心	마음 심
入	들 입
自	스스로 자
足	발 족
川	내 천
千	일천 천
天	하늘 천
出	날 출
兄	맏 형

6급 선정한자

南	남녘 남
內	안 내, 여관(女官) 나
年	해 년
東	동녘 동
同	한가지, 같을 동
名	이름 명
文	글월 문

方	모, 방향 방
夫	지아비, 남편 부
北	북녘 북, 달아날 배
西	서녘 서
夕	저녁 석
少	적을 소
外	바깥 외
正	바를 정
弟	아우 제
主	주인 주
靑	푸를 청
寸	마디 촌
向	향할 향

준5급 선정한자

歌	노래 가
家	집 가
間	사이 간
車	수레 거, 차
巾	수건 건
古	옛 고
空	빌 공
教	가르칠 교
校	학교 교
國	나라 국
軍	군사 군
今	이제 금
記	기록할 기
氣	기운 기
己	몸 기
農	농사 농

급수별 선정한자 일람표

한자	뜻·음	한자	뜻·음	한자	뜻·음
答	대답, 답할 답	安	편안할 안	**5급 선정한자**	
代	대신할 대	羊	양 양	各	각각 각
大	큰 대	語	말씀 어	感	느낄 감
道	길 도	午	낮 오	强	강할 강
洞	골 동, 꿰뚫을 통	玉	구슬 옥	開	열 개
登	오를 등	牛	소 우	去	갈 거
來	올 래	右	오른 우	犬	개 견
老	늙을 로	位	자리 위	見	볼 견, 뵐 현
里	마을 리	有	있을 유	京	서울 경
林	수풀 림	育	기를 육	計	셀 계
馬	말 마	邑	고을 읍	界	지경, 경계 계
萬	일만 만	衣	옷 의	苦	괴로울, 쓸 고
末	끝 말	耳	귀 이	高	높을 고
每	매양 매	字	글자 자	功	공(들일) 공
面	낯 면	長	긴 장	共	함께 공
問	물을 문	場	마당 장	科	과목 과
物	물건, 만물 물	電	번개 전	果	과실, 과일 과
民	백성 민	前	앞 전	光	빛 광
本	근본 본	全	온전할, 전체 전	交	사귈 교
不	아니 불, 부	祖	할아비, 조상 조	郡	고을 군
分	나눌 분, 푼 푼	左	왼 좌	近	가까울 근
士	선비 사	住	살 주	根	뿌리 근
事	일 사	地	땅 지	急	급할 급
色	빛 색	草	풀 초	多	많을 다
先	먼저 선	平	평평할 평	短	짧을 단
姓	성씨 성	學	배울 학	當	마땅할 당
世	세상 세	韓	나라이름 한	堂	집 당
所	바, 곳 소	漢	한수, 한나라 한	對	대답할, 대할 대
時	때 시	合	합할 합, 홉 홉	圖	그림 도
市	저자, 시장 시	海	바다 해	度	법도 도, 헤아릴 탁
食	밥 식, 먹이 사	孝	효도 효	刀	칼 도
植	심을 식	休	쉴 휴	讀	읽을 독, 구절 두
室	집 실				

급수별 선정한자 일람표

冬	겨울 동	省	살필 성, 덜 생	友	벗 우
童	아이 동	性	성품 성	運	움직일, 옮길 운
頭	머리 두	成	이룰 성	遠	멀 원
等	무리 등	消	사라질 소	原	들, 언덕, 근본 원
樂	즐거울 락, 풍류 악, 좋아할 요	速	빠를 속	元	으뜸 원
禮	예도, 예절 례	孫	손자 손	油	기름 유
路	길 로	樹	나무 수	肉	고기 육
綠	푸를 록	首	머리 수	銀	은 은
理	다스릴, 이치 리	習	익힐 습	飮	마실 음
李	오얏 리	勝	이길 승	音	소리 음
利	이로울 리	詩	글 시	意	뜻 의
命	목숨 명	示	보일 시	者	놈, 사람 자
明	밝을 명	始	처음, 시작 시	昨	어제 작
毛	털 모	式	법 식	作	지을 작
無	없을 무	神	귀신 신	章	글 장
聞	들을 문	身	몸 신	在	있을 재
米	쌀 미	信	믿을 신	才	재주 재
美	아름다울 미	新	새로울 신	田	밭 전
朴	순박할, 성씨 박	失	잃을 실	題	제목 제
反	돌이킬, 반대 반	愛	사랑 애	第	차례 제
半	절반 반	野	들 야	朝	아침 조
發	일어날 발	夜	밤 야	族	겨레 족
放	놓을 방	藥	약 약	晝	낮 주
番	차례 번	弱	약할 약	竹	대 죽
別	다를, 나눌 별	陽	볕 양	重	무거울 중
病	병 병	洋	큰 바다 양	直	곧을 직
步	걸음 보	魚	물고기 어	窓	창문 창
服	옷 복	言	말씀 언	淸	맑을 청
部	거느릴, 나눌 부	業	일 업	體	몸 체
死	죽을 사	永	길 영	村	마을 촌
書	글 서	英	꽃부리 영	秋	가을 추
席	자리 석	勇	날쌜, 용기 용	春	봄 춘
線	줄, 실 선	用	쓸 용	親	친할 친

급수별 선정한자 일람표

太	클 태	輕	가벼울 경	冷	찰 랭
通	통할 통	敬	공경할 경	兩	두 량
貝	조개 패	季	철, 계절 계	良	어질 량
便	편할 편, 똥오줌 변	固	굳을 고	量	헤아릴 량
表	겉 표	考	상고할, 생각 고	歷	지낼 력
品	물건 품	告	알릴 고, 뵙고 청할 곡	領	옷깃, 다스릴 령
風	바람 풍	曲	굽을 곡	令	하여금, 명령할 령
夏	여름 하	公	공변될, 귀할 공	例	법식, 전례 례
行	다닐 행	課	매길, 공부할 과	勞	수고로울 로
幸	다행 행	過	지날 과	料	헤아릴 료
血	피 혈	關	관계할, 빗장 관	流	흐를 류
形	모양 형	觀	볼 관	亡	망할 망
號	이름, 차례 호	廣	넓을 광	望	바랄 망
花	꽃 화	橋	다리 교	買	살 매
話	말씀 화	求	구할 구	妹	아랫누이 매
和	화할, 화목할 화	君	임금 군	賣	팔 매
活	살 활	貴	귀할 귀	武	굳셀, 무력 무
黃	누를 황	極	다할 극	味	맛 미
會	모일 회	給	줄 급	未	아닐 미
後	뒤 후	期	기약할, 때 기	法	법 법
		技	재주 기	兵	군사 병

준4급 선정한자

		基	터 기	報	갚을, 알릴 보
價	값 가	吉	길할, 좋을 길	福	복 복
加	더할 가	念	생각 념	奉	받들 봉
可	옳을 가	能	능할 능	富	부자 부
角	뿔 각	談	말씀 담	備	갖출 비
甘	달 감	待	기다릴 대	比	견줄, 비교 비
改	고칠 개	德	덕, 큰 덕	貧	가난할 빈
個	낱 개	都	도읍 도	氷	얼음 빙
客	손님 객	島	섬 도	仕	벼슬할 사
決	결단할 결	到	이를 도	思	생각 사
結	맺을 결	動	움직일 동	師	스승 사
		落	떨어질 락	史	역사 사

급수별 선정한자 일람표

使	하여금, 부릴 사
産	낳을 산
算	셈 산
賞	상줄 상
相	서로 상
商	장사 상
常	항상 상
序	차례 서
船	배 선
仙	신선 선
善	착할 선
雪	눈 설
說	말씀 설, 달랠 세, 기쁠 열
星	별 성
城	재, 성씨 성
誠	정성 성
洗	씻을 세
歲	해 세
送	보낼 송
數	셈 수, 자주 삭, 빽빽할 촉
守	지킬 수
宿	잠잘 숙, 별자리 수
順	순할 순
視	볼 시
試	시험 시
識	알 식, 기록할 지
臣	신하 신
實	열매 실
氏	성씨 씨, 나라이름 지
兒	아이 아
惡	악할 악, 미워할 오
案	책상, 생각 안
暗	어두울 암

約	맺을 약
養	기를 양
漁	고기 잡을 어
億	억 억
如	같을 여
餘	남을 여
然	그럴 연
熱	더울 열
葉	잎 엽, 땅이름 섭
屋	집 옥
溫	따뜻할 온
完	완전할 완
要	구할, 중요 요
雨	비 우
雲	구름 운
園	동산 원
願	원할 원
由	말미암을 유
義	옳을 의
醫	의원 의
以	써 이
因	인할 인
姉	맏누이 자
再	두, 다시 재
材	재목, 재료 재
財	재물 재
爭	다툴 쟁
低	낮을 저
貯	쌓을 저
的	과녁 적
赤	붉을 적
典	법, 책 전
戰	싸움 전

傳	전할 전
展	펼 전
店	가게 점
庭	뜰 정
情	뜻 정
定	정할 정
調	고를 조
助	도울 조
鳥	새 조
早	이를 조
存	있을 존
卒	군사, 마칠 졸
終	마칠 종
種	씨 종
罪	허물, 죄 죄
注	물댈 주
止	그칠 지
志	뜻 지
知	알 지
至	이를 지
紙	종이 지
支	지탱할 지
進	나아갈 진
眞	참 진
質	바탕 질
集	모일 집
次	버금 차
參	참여할 참, 석 삼(三)
責	꾸짖을 책
鐵	쇠 철
初	처음 초
祝	빌 축
充	채울 충

급수별 선정한자 일람표

忠	충성 충
致	이를 치
他	다를 타
打	칠 타
宅	집 택, 집 댁
統	거느릴, 다스릴 통
特	특별할 특
敗	패할, 질 패
必	반드시 필
河	물 하
寒	찰 한
害	해칠, 해로울 해
香	향기 향
許	허락할 허
現	나타날 현
好	좋을 호
湖	호수 호
畵	그림 화, 그을 획
化	될, 변화할 화
患	근심 환
回	돌 회
效	본받을, 효력 효
訓	가르칠 훈
凶	흉할 흉
黑	검을 흑

4급 선정한자

街	거리 가
假	거짓 가
佳	아름다울 가
干	방패 간
看	볼 간
減	덜 감
甲	껍질, 갑옷 갑
擧	들 거
巨	클 거
建	세울 건
乾	하늘, 마를 건(간)
更	다시 갱, 고칠 경
慶	경사 경
競	다툴 경
耕	밭갈 경
景	볕 경
經	지날, 글, 경선 경
庚	천간, 별 경
溪	시내 계
癸	천간 계
故	연고, 원인 고
谷	골 곡
骨	뼈 골
官	벼슬 관
救	구원할, 도울 구
究	궁구할, 연구 구
句	글귀, 말 구
舊	옛 구
久	오랠 구
弓	활 궁
權	권세 권
均	고를 균
禁	금할 금
及	미칠 급
其	그 기
起	일어날 기
乃	이에 내
怒	성낼 노
端	바를, 끝 단
丹	붉을 단, 꽃이름 란
單	홑, 홀로 단
達	통달할, 도달할 달
徒	무리 도
獨	홀로 독
斗	말 두
得	얻을 득
燈	등잔 등
旅	나그네 려
連	이을 련
練	익힐 련
烈	매울, 뜨거울 렬
列	벌릴 렬
論	논할, 말씀 론
陸	뭍, 땅 륙
倫	인륜, 윤리 륜
律	법 률
滿	찰 만
忘	잊을 망
妙	묘할 묘
卯	토끼 묘
務	힘쓸 무
尾	꼬리 미
密	빽빽할, 몰래 밀
飯	밥 반
防	막을 방
房	방 방
訪	찾을 방
拜	절 배
伐	칠 벌
變	변할 변
丙	남녘 병

급수별 선정한자 일람표

保	지킬, 보호할 보	純	순수할 순	引	끌 인
復	돌아올 복, 다시 부	戌	개, 지지 술	印	도장 인
否	아닐 부, 막힐 비	拾	주울 습, 열 십(十)	寅	범 인
婦	지어미, 며느리, 부인 부	承	이을 승	認	알 인
佛	부처 불	是	옳을 시	壬	천간, 북방, 클 임
悲	슬플 비	辛	매울 신	將	장수 장
非	아닐 비	申	펼, 지지 신	適	맞을, 적당 적
鼻	코 비	眼	눈 안	敵	원수 적
巳	뱀, 지지 사	若	같을 약, 절 야	節	마디 절
謝	사례할 사	與	더불, 줄 여	接	이을, 가까이 할 접
私	사사로울 사	逆	거스를 역	停	머무를 정
絲	실 사	研	갈, 연구 연	井	우물 정
寺	절 사, 관청 시	榮	영화 영	精	정기, 가릴 정
舍	집 사	藝	재주 예	政	정사, 정치 정
散	흩어질 산	誤	그릇될, 그르칠 오	除	덜, 제외할 제
想	생각 상	往	갈 왕	祭	제사 제
選	가릴, 뽑을 선	浴	목욕할 욕	製	지을 제
鮮	고울 선	容	얼굴 용	兆	조 조
舌	혀 설	遇	만날 우	造	지을 조
聖	성스러울, 성인 성	雄	수컷 웅	尊	높을, 존경할 존
盛	성할 성	危	위태할 위	坐	앉을 좌
聲	소리 성	偉	클, 위대할 위	走	달릴 주
細	가늘 세	爲	할 위	朱	붉을 주
勢	권세, 세력 세	遺	남길 유	衆	무리 중
稅	세금 세	酉	닭, 지지 유	增	더할 증
笑	웃음 소	恩	은혜 은	持	가질 지
續	이을 속	乙	새 을	指	손가락 지
俗	풍속 속	陰	그늘 음	辰	별 진, 때 신
松	소나무 송	應	응할 응	着	붙을 착
收	거둘 수	依	의지할 의	察	살필 찰
修	닦을 수	異	다를 이	唱	부를, 노래 창
受	받을 수	移	옮길 이	冊	책 책
授	줄 수	益	더할 익	處	곳, 살 처

聽	들을 청
請	청할 청
最	가장 최
蟲	벌레 충
取	가질, 취할 취
治	다스릴 치
齒	이 치
則	법칙 칙, 곧 즉
針	바늘 침
快	쾌할 쾌
脫	벗을 탈
探	찾을 탐
退	물러날 퇴
波	물결 파
判	판단할 판
片	조각 편
布	펼 포(보)
暴	사나울 포(폭), 드러낼 폭
筆	붓 필
限	한정, 끝 한
解	풀 해
鄕	시골, 마을 향
協	도울 협
惠	은혜 혜
呼	부를 호
戶	지게문, 집 호
婚	혼인할 혼
貨	재화, 재물 화
興	일어날 흥
希	바랄 희

3급 선정한자

暇	겨를, 틈 가
架	시렁, 선반 가
覺	깨달을 각
脚	다리 각
刻	새길 각
姦	간사할 간
刊	책 펴낼, 새길 간
渴	목마를 갈
敢	감히, 용감 감
監	볼 감
鋼	강철 강
降	내릴 강, 항복할 항
講	익힐 강
康	편안할 강
介	끼일 개
皆	다 개
距	떨어질 거
拒	막을 거
居	살 거
健	건강할 건
件	사건, 조건 건
傑	뛰어날, 사람이름 걸
檢	검사할 검
儉	검소할 검
劍	칼 검
格	격식 격
激	부딪칠 격
堅	굳을 견
潔	깨끗할 결
缺	이지러질 결
兼	겸할 겸

鏡	거울 경
警	경계할 경
硬	굳을 경
傾	기울 경
驚	놀랄 경
境	지경 경
戒	경계할 계
械	기계 계
鷄	닭 계
係	맬 계
契	맺을 계
階	섬돌 계
系	이어맬 계
繼	이을 계
庫	곳집 고
姑	시어미 고
孤	외로울 고
稿	원고, 볏집 고
穀	곡식 곡
困	곤할 곤
坤	땅 곤
恭	공손 공
孔	구멍 공
貢	바칠 공
供	이바지할 공
攻	칠 공
冠	갓 관
貫	꿸 관
管	대롱 관
慣	버릇 관
較	견줄 교
具	갖출 구
球	공 구

급수별 선정한자 일람표

區	나눌 구	納	들일 납	浪	물결 랑
構	얽을, 지을 구	娘	아가씨, 각시 낭	郎	사내 랑
苟	진실로 구	耐	견딜 내	略	간략할 략
局	판 국	奴	종 노	凉	서늘할 량
群	무리 군	努	힘쓸 노	糧	양식 량
窮	다할 궁	腦	뇌, 골 뇌	慮	생각 려
宮	집 궁	茶	차 차, 다	戀	사모할 련
勸	권할 권	斷	끊을 단	蓮	연꽃 련
券	문서 권	但	다만 단	聯	잇닿을 련
拳	주먹 권	團	둥글, 모일 단	嶺	고개 령
卷	책 권	壇	제단 단	露	이슬 로
歸	돌아갈 귀	段	층계, 조각 단	錄	기록할 록
規	법 규	淡	맑을 담	鹿	사슴 록
菌	버섯 균	擔	멜 담	了	마칠 료
克	이길 극	畓	논 답	龍	용 룡
斤	도끼, 근 근	黨	무리 당	留	머무를 류
勤	부지런할 근	帶	띠 대	類	무리, 분류 류
謹	삼갈 근	隊	무리 대	柳	버들 류
級	등급 급	貸	빌릴 대	輪	바퀴 륜
畿	경기, 왕터 기	倒	넘어질 도	栗	밤 률
器	그릇 기	逃	달아날 도	離	떠날 리
旗	기 기	盜	도둑 도	履	밟을, 신 리
奇	기이할 기	導	인도할 도	梨	배 리
企	꾀할, 바랄 기	督	감독할 독	吏	아전, 관리 리
幾	몇 기	毒	독 독	臨	임할 림
機	베틀, 기계 기	豚	돼지 돈	麻	삼 마
紀	벼리, 다스릴 기	突	갑자기 돌	莫	없을 막
寄	부칠 기	銅	구리 동	晩	늦을 만
祈	빌 기	豆	콩 두	妄	망령될 망
欺	속일 기	羅	벌릴, 비단 라	忙	바쁠 망
旣	이미 기	卵	알 란	梅	매화 매
暖	따뜻할 난	亂	어지러울 란	麥	보리 맥
難	어려울 난	覽	볼 람	孟	맏 맹

급수별 선정한자 일람표

盟	맹세 맹	輩	무리 배	批	비평할 비
盲	소경 맹	杯	잔 배	肥	살찔 비
免	면할 면	配	짝 배	秘	숨길 비
眠	잠잘 면	繁	번성할 번	費	쓸 비
勉	힘쓸 면	罰	벌할 벌	司	맡을 사
銘	새길 명	凡	무릇 범	社	모일 사
鳴	울 명	犯	범할 범	捨	버릴 사
慕	모을 모	範	법 범	寫	베낄 사
模	법, 본뜰 모	壁	벽 벽	詐	속일 사
慕	사모할 모	邊	가 변	射	쏠 사
某	아무 모	辯	말 잘할 변	斯	이 사
暮	저물 모	補	기울, 도울 보	祀	제사 사
牧	칠 목	普	넓을 보	査	조사할 사
睦	화목할 목	寶	보배 보	殺	죽일 살
墓	무덤 묘	譜	족보 보	償	갚을 상
茂	무성할 무	複	겹칠 복, 거듭 부	狀	모양 상, 문서 장
貿	무역할 무	腹	배 복	祥	상서로울 상
戊	천간 무	伏	엎드릴 복	傷	상할 상
舞	춤출 무	卜	점 복	霜	서리 상
墨	먹 묵	逢	만날 봉	尙	오히려, 높을 상
勿	말 물	峰	봉우리 봉	喪	초상, 잃을 상
敏	재빠를 민	府	관청, 고을 부	象	코끼리 상
博	넓을 박	扶	도울 부	床	평상 상
薄	엷을 박	浮	뜰 부	像	형상 상
班	나눌 반	副	버금 부	索	찾을 색
返	돌아올 반	付	부칠 부	署	관청 서
般	일반, 돌 반	負	질 부	暑	더울 서
髮	터럭 발	粉	가루 분	庶	여러 서
芳	꽃다울 방	奔	달릴, 바쁠 분	恕	용서할 서
邦	나라이름 방	紛	어지러울 분	惜	아낄 석
妨	해로울 방	拂	떨 불	昔	옛 석
倍	갑절 배	朋	벗 붕	宣	베풀 선
背	등 배	飛	날 비	設	베풀 설

급수별 선정한자 일람표

涉	건널 섭	餓	주릴 아	迎	맞이할 영
蔬	나물 소	岸	언덕 안	映	비칠 영
掃	쓸 소	顔	얼굴 안	泳	헤엄칠 영
素	흴, 본디 소	巖	바위 암	銳	날카로울 예
束	묶을 속	央	가운데 앙	烏	까마귀 오
損	덜 손	仰	우러를 앙	悟	깨달을 오
頌	기릴 송	涯	물가 애	吾	나 오
訟	송사할 송	哀	슬플 애	瓦	기와 와
刷	인쇄할 쇄	額	이마 액	臥	누울 와
囚	가둘 수	也	어조사 야	曰	가로 왈
愁	근심 수	揚	떨칠 양	謠	노래 요
誰	누구 수	樣	모양 양	辱	욕될 욕
須	모름지기 수	讓	사양할 양	慾	욕심 욕
壽	목숨 수	壤	흙 양	欲	하고자 할 욕
輸	보낼 수	於	어조사 어	憂	근심 우
雖	비록 수	憶	생각할 억	羽	깃 우
秀	빼어날 수	嚴	엄할 엄	優	넉넉할 우
淑	맑을 숙	余	나 여	尤	더욱 우
叔	아재비 숙	汝	너 여	又	또 우
熟	익을 숙	亦	또 역	愚	어리석을 우
巡	순행할 순	役	부릴 역	于	어조사 우
旬	열흘 순	驛	역마 역	郵	우편 우
術	재주 술	域	지경, 구역 역	宇	집 우
述	지을 술	延	끌, 늘릴 연	云	이를 운
崇	높일 숭	鉛	납 연	援	구원할 원
乘	탈 승	沿	물 따라 내려갈 연	源	근원 원
施	베풀 시	煙	연기 연	圓	둥글 원
息	숨쉴 식	緣	인연 연	怨	원망할 원
深	깊을 심	宴	잔치 연	員	인원 원
甚	심할 심	演	펼, 멀리 흐를 연	院	집 원
我	나 아	悅	기쁠 열	圍	둘레, 쌀 위
雅	바를, 맑을 아	炎	불꽃 염	委	맡길 위
亞	버금 아	營	경영할 영	胃	밥통 위

威	위엄 위	裝	꾸밀 장	征	칠, 갈 정
衛	지킬 위	障	막을 장	齊	가지런할 제
猶	같을, 오히려 유	張	베풀 장	濟	건널 제
裕	넉넉할 유	壯	씩씩할 장	提	끌 제
遊	놀 유	丈	어른 장	堤	둑 제
悠	멀 유	腸	창자 장	制	마를, 법도 제
維	벼리, 맬 유	帳	휘장 장	諸	모든 제
柔	부드러울 유	栽	심을 재	際	사이, 때 제
儒	선비 유	哉	어조사 재	帝	임금 제
幼	어릴 유	災	재앙 재	照	비칠 조
唯	오직, 허락할 유	抵	거스를 저	操	잡을 조
乳	젖 유	著	나타날, 지을 저	條	조목, 가지 조
吟	읊을 음	底	밑 저	弔	조상할 조
泣	울 읍	績	길쌈, 공 적	租	조세 조
儀	거동 의	賊	도둑 적	潮	조수 조
宜	마땅 의	籍	문서 적	組	짤 조
矣	어조사 의	積	쌓을 적, 저금할 자	宗	마루 종
議	의논할 의	轉	구를 전	鐘	쇠북 종
疑	의심 의	錢	돈 전	從	좇을 종
而	말이을 이	專	오로지 전	座	자리 좌
易	쉬울 이, 바꿀 역	絶	끊을 절	州	고을 주
已	이미 이	切	끊을 절, 온통 체	株	그루 주
仁	어질 인	點	점 점	柱	기둥 주
忍	참을 인	占	점칠 점	周	두루 주
姻	혼인할 인	整	가지런할 정	舟	배 주
逸	편안할 일	靜	고요할 정	酒	술 주
任	맡길 임	貞	곧을 정	宙	집 주
姿	맵시 자	淨	깨끗할 정	準	법도 준
慈	사랑 자	訂	바로잡을 정	俊	준걸 준
資	재물 자	丁	장정, 천간 정	卽	곧 즉
殘	남을 잔	頂	정수리 정	曾	일찍 증
雜	섞일 잡	亭	정자 정	證	증거 증
獎	권면할 장	廷	조정 정	症	증세 증

급수별 선정한자 일람표

枝	가지 지	淺	얕을 천	泰	클 태
之	갈 지	賤	천할 천	擇	가릴 택
誌	기록할 지	哲	밝을 철	澤	못 택
只	다만 지	妾	첩 첩	討	칠 토
池	못 지	晴	갤, 날갤 청	吐	토할 토
智	지혜 지	超	넘을 초	痛	아플 통
職	벼슬, 직분 직	招	부를 초	投	던질 투
織	짤 직	礎	주춧돌 초	鬪	싸울 투
陳	늘어놓을 진	總	거느릴, 다 총	破	깨뜨릴 파
盡	다할 진	聰	귀 밝을 총	派	물갈래, 파벌 파
珍	보배 진	推	가릴 추	板	널빤지 판
鎭	진압할 진	追	쫓을 추	版	판목 판
陣	진칠 진	丑	소 축	販	팔 판
姪	조카 질	築	쌓을 축	篇	책 편
秩	차례 질	就	나아갈 취	評	평론할 평
執	잡을 집	吹	불 취	閉	닫을 폐
且	또 차	側	곁 측	肺	허파 폐
借	빌릴 차	測	헤아릴 측	浦	물가 포
差	어긋날 차	層	층 층	包	쌀 포
此	이 차	値	값, 만날 치	抱	안을 포
贊	도울 찬	置	둘 치	捕	잡을 포
倉	곳집 창	恥	부끄러울 치	胞	태보 포
創	비롯할, 비로소 창	浸	적실 침	爆	터질 폭
昌	창성할 창	侵	침노할 침	票	표, 쪽지 표
菜	나물 채	稱	일컬을 칭	豊	풍년 풍
債	빚(질) 채	妥	평온할 타	皮	가죽 피
採	캘 채	卓	높을 탁	被	입을 피
策	꾀 책	濯	씻을 탁	彼	저 피
妻	아내 처	炭	숯 탄	疲	피곤할 피
拓	넓힐, 개척 척	歎	탄식할 탄	避	피할 피
尺	자 척	彈	탄알 탄	匹	짝 필
踐	밟을 천	塔	탑 탑	何	어찌 하
泉	샘 천	態	모양 태	賀	하례할 하

閑	한가할, 문지방 한
恨	한할 한
咸	다 함
抗	겨룰 항
項	목 항
航	배 항
港	항구 항
恒	항상 항
亥	돼지 해
享	누릴 향
響	소리 향
虛	빌 허
憲	법 헌
驗	시험 험
險	험할 험
革	가죽 혁
賢	어질 현
絃	줄 현
刑	형벌 형
亨	형통할 형
虎	범 호
乎	어조사 호
或	혹 혹
混	섞을 혼
昏	저물 혼
紅	붉을 홍
弘	클 홍
華	빛날 화
確	굳을 확
環	고리 환
歡	기쁠 환
丸	알 환
皇	임금 황

悔	뉘우칠 회
劃	그을 획
候	기후 후
厚	두터울 후
揮	휘두를 휘
胸	가슴 흉
吸	숨들이실, 마실 흡
喜	기쁠 희

2급 선정한자

[우선한자]
*출제빈도가 비교적 높은 한자

却	물리칠 각
閣	집, 누각, 다락 각
肝	간 간
諫	간할 간
簡	대쪽, 간소할 간
懇	정성, 간절할 간
幹	줄기 간
葛	칡 갈
鑑	거울 감
憾	한할 감
剛	굳셀 강
綱	벼리 강
槪	대개 개
蓋	덮을 개
慨	슬퍼할 개
坑	구덩이 갱
據	의거할, 잡을 거
乞	빌, 구걸 걸
揭	높이 들 게
憩	쉴 게

隔	막힐 격
擊	칠 격
牽	끌 견
遣	보낼 견
絹	비단 견
肩	어깨 견
訣	이별할, 비결 결
謙	겸손할 겸
竟	마침내, 마칠 경
卿	벼슬 경
炅	빛날 경
頃	이랑, 잠깐 경
徑	지름길 경
桂	계수나무 계
繫	얽어맬 계
啓	열 계
顧	돌아볼 고
枯	마를 고
鼓	북 고
雇	품팔이 고
哭	울 곡
恐	두려울 공
菓	과자, 과실 과
瓜	오이 과
誇	자랑할 과
寡	적을 과
戈	창 과
郭	성곽 곽
寬	너그러울 관
館	집, 객사 관
狂	미칠 광
鑛	쇳돌, 쇳덩어리 광
掛	걸 괘

급수별 선정한자 일람표

卦	점괘 괘	閨	안방 규	糖	엿 당, 달 탕
怪	기이할 괴	劇	심할 극	臺	대 대
傀	꼭두각시 괴	僅	겨우 근	戴	일 대
壞	무너질 괴	槿	무궁화 근	垈	터 대
愧	부끄러울 괴	筋	힘줄 근	渡	건널 도
塊	흙덩이, 덩어리 괴	琴	거문고 금	途	길 도
僑	객지에 살 교	錦	비단 금	挑	돋울 도
巧	공교할 교	禽	새 금	跳	뛸 도
狡	교활할 교	肯	즐길 긍	塗	바를, 진흙 도
郊	들 교	忌	꺼릴 기	稻	벼 도
絞	목맬 교	騎	말탈 기	桃	복숭아 도
矯	바로잡을 교	汽	물 끓는 김 기	禱	빌 도
膠	아교 교	棄	버릴 기	悼	슬퍼할 도
鷗	갈매기 구	豈	어찌 기, 화락할 개	陶	질그릇 도
狗	개 구	飢	주릴 기	篤	도타울 독
龜	거북 귀(구), 터질 균, 땅이름 구	緊	굳게 얽을 긴	敦	도타울 돈
懼	두려울 구	那	어찌 나	棟	마룻대 동
驅	몰 구	諾	허락할 낙	凍	얼 동
購	살 구	奈	어찌 내, 나	桐	오동나무 동
丘	언덕 구	寧	편안할 녕	屯	모일 둔, 어려울 준
拘	잡을 구	濃	짙을 농	鈍	무딜 둔
歐	토할 구	惱	괴로워할 뇌	藤	등나무 등
俱	함께 구	尿	오줌 뇨	謄	베낄 등
菊	국화 국	尼	여승 니	騰	오를 등
窟	굴 굴	泥	진흙 니	洛	강이름 락
屈	굽힐 굴	匿	숨을 닉	絡	맥락, 얽힐, 이을 락
圈	둘레, 쌀 권	鍛	단련할 단	欄	난간 란
厥	그 궐	檀	박달나무 단	蘭	난초 란
闕	집 궐	旦	아침 단	爛	빛날 란
軌	굴대 궤	潭	못 담	濫	넘칠 람
鬼	귀신 귀	膽	쓸개 담	藍	쪽 람
叫	부르짖을 규	踏	밟을 답	朗	밝을 랑
糾	살필 규	唐	당나라 당	廊	행랑 랑

급수별 선정한자 일람표

한자	뜻과 음	한자	뜻과 음	한자	뜻과 음
拉	꺾을, 끌고 갈 랍	隆	높을 륭	蒙	어릴 몽
掠	노략질할 략	陵	언덕 릉	廟	사당 묘
梁	들보 량	裏	속 리	苗	싹 묘
諒	살필, 믿을 량	隣	이웃 린	霧	안개 무
麗	고울 려	磨	갈 마	默	묵묵할 묵
勵	힘쓸 려	魔	마귀 마	紊	어지러울 문
曆	책력 력	摩	문지를 마	眉	눈썹 미
鍊	단련, 쇠 불릴 련	漠	사막 막	迷	미혹할 미
煉	달굴 련	幕	장막, 군막 막	微	작을 미
憐	불쌍할 련	慢	거만할, 게으를 만	憫	불쌍히 여길 민
劣	못할 렬	灣	물굽이 만	蜜	꿀 밀
裂	찢을 렬	漫	물 질펀할 만	泊	배댈 박
廉	청렴할 렴	蠻	오랑캐 만	拍	칠 박
獵	사냥할 렵	娩	해산할 만	舶	큰배 박
齡	나이 령	網	그물 망	迫	핍박할 박
零	떨어질 령	茫	망망할, 아득할 망	叛	배반할 반
靈	신령 령	罔	없을 망	盤	소반 반
虜	사로잡을 로	枚	낱, 줄기 매	搬	운반할 반
爐	화로 로	埋	묻을 매	伴	짝 반
祿	녹, 복 록	媒	중매 매	拔	뺄 발
籠	새장 롱	脈	맥 맥	傍	곁 방
弄	희롱 롱	猛	사나울 맹	紡	길쌈 방
雷	우레 뢰	綿	솜 면	倣	본받을 방
賴	힘입을, 믿을 뢰	滅	멸망할 멸	俳	광대 배
僚	동료 료	蔑	업신여길 멸	排	물리칠 배
療	병 고칠 료	冥	어두울 명	賠	배상할 배
淚	눈물 루	謀	꾀할 모	培	북돋을 배
樓	다락 루	貌	모양 모	魄	넋 백
漏	샐 루	侮	업신여길 모	伯	맏 백
累	여러 루	矛	창 모	柏	잣나무 백
屢	자주 루	沐	목욕할 목	飜	뒤칠 번
謬	그릇될 류	沒	빠질 몰	煩	번거로울 번
率	비율 률, 거느릴 솔	夢	꿈 몽	閥	문벌 벌

급수별 선정한자 일람표

汎	뜰 범
碧	푸를 벽
僻	후미질 벽
辨	분별할, 나눌 변
竝	나란히 할 병
屛	병풍 병
覆	덮을 부, 뒤집힐 복
縫	꿰맬 봉
俸	녹, 봉급 봉
蜂	벌 봉
封	봉할 봉
鳳	봉황새 봉
賦	구실 부
赴	다다를 부
簿	문서 부
符	부신 부
附	붙을 부
膚	살갗 부
腐	썩을 부
奮	떨칠 분
墳	무덤 분
憤	분할 분
弗	아니 불
崩	무너질 붕
婢	계집종 비
卑	낮을 비
匪	도둑 비
碑	비석 비
妃	왕비, 짝 비
賓	손님 빈
頻	자주 빈
聘	부를 빙
邪	간사할 사
似	같을 사
詞	말 사
辭	말씀 사
飼	먹일 사
沙	모래 사
蛇	뱀 사
唆	부추길 사
斜	비낄 사
祠	사당 사
赦	용서할 사
賜	줄 사
削	깎을 삭
朔	초하루 삭
酸	실 산
傘	우산 산
蔘	(인)삼 삼
森	빽빽할 삼
揷	꽂을 삽
嘗	맛볼 상
桑	뽕나무 상
箱	상자 상
詳	자세할 상
裳	치마 상
塞	변방 새, 막을 색
誓	맹세할 서
瑞	상서로울 서
緖	실마리 서
敍	차례, 펼 서
徐	천천히 서
析	가를 석
碩	클 석, 붉을 혁
釋	풀 석
禪	고요할 선
旋	돌 선
纖	가늘 섬
攝	끌어 잡을 섭
貰	세낼 세
蘇	깨어날 소
昭	밝을 소
召	부를 소
燒	불사를 소
騷	시끄러울 소
紹	이을 소
疏	트일, 성길 소
訴	하소연할, 소송 소
屬	무리, 붙일 속
粟	조 속
遜	겸손할 손
誦	욀 송
鎖	쇠사슬, 잠글 쇄
衰	쇠약할 쇠
需	구할, 쓰일 수
殊	다를 수
垂	드리울 수
隨	따를 수
洙	물이름 수
遂	이룰, 드디어 수
帥	장수 수
睡	졸 수
獸	짐승 수
搜	찾을 수
孰	누구 숙
肅	엄숙할 숙
瞬	눈 깜짝할 순
循	돌 순
殉	따라 죽을 순

급수별 선정한자 일람표

한자	훈음	한자	훈음	한자	훈음
盾	방패 순	壓	누를 압	娛	즐거워할, 즐길 오
舜	순임금 순	殃	재앙 앙	嗚	탄식할 오
脣	입술 순	碍	막을 애	獄	옥(살이) 옥
襲	엄습할 습	厄	재앙 액	翁	늙은이 옹
濕	젖을 습	液	진액 액	緩	느릴 완
升	되 승	耶	어조사 야	歪	비뚤 외, 왜
昇	오를 승	惹	이끌 야	畏	두려울 외
僧	중 승	躍	뛸 약	遙	멀, 거닐 요
侍	모실 시	楊	버들 양	曜	빛날 요
屍	주검 시	孃	아가씨 양	妖	요망할 요
矢	화살 시	御	어거할 어	堯	요임금 요
飾	꾸밀 식	抑	누를 억	腰	허리 요
殖	번식할 식	焉	어조사 언	搖	흔들 요
愼	삼갈 신	予	나, 줄 여	鎔	(쇠)녹일 용
晨	새벽 신	輿	수레 여	庸	떳떳할 용
腎	콩팥 신	譯	번역할 역	傭	품팔이 용
紳	큰띠 신	疫	염병 역	偶	짝, 우연 우
伸	펼 신	硯	벼루 연	禹	하우씨 우
審	살필 심	燃	불탈 연	韻	운, 운치 운
尋	찾을 심	軟	연할 연	鬱	답답할 울
雙	쌍 쌍	燕	제비 연	苑	나라동산 원
芽	싹(틀) 아	閱	볼, 검열할 열	越	넘을 월
牙	어금니 아	染	물들일 염	僞	거짓 위
阿	언덕 아	鹽	소금 염	尉	벼슬이름 위
握	잡을 악	厭	싫을, 싫어할 염	緯	씨줄 위
岳	큰산 악	影	그림자 영	違	어긋날 위
雁	기러기 안	詠	읊을 영	慰	위로할 위
晏	늦을 안	譽	기릴 예	謂	이를 위
按	살필 안	預	미리, 맡길 예	幽	그윽할 유
鞍	안장 안	豫	미리 예	誘	꾈 유
謁	뵐, 아뢸 알	傲	거만할 오	愈	더욱, 나을 유
癌	암 암	汚	더러울 오	惟	생각할 유
押	누를 압	梧	오동나무 오	尹	다스릴 윤

급수별 선정한자 일람표

한자	뜻/음	한자	뜻/음	한자	뜻/음
閏	윤달 윤	載	실을 재	仲	버금 중
潤	윤택할 윤	裁	옷 마를 재	憎	미워할 증
融	녹을, 화할 융	宰	재상 재	贈	줄 증
隱	숨을 은	寂	고요할 적	蒸	찔 증
淫	음란할 음	摘	딸, 따올 적	遲	더딜 지
凝	엉길 응	滴	물방울 적	旨	뜻 지
貳	두 이	跡	발자취 적	脂	비계 지
伊	저 이	蹟	사적, 자취 적	津	나루 진
夷	클, 오랑캐 이	笛	피리 적	振	떨칠 진
翼	날개 익	殿	대궐, 큰집 전	震	우레, 벼락 진
刃	칼날 인	折	꺾을 절	診	진찰할 진
壹	한 일	竊	훔칠 절	塵	티끌 진
姙	아이 밸 임	漸	점차 점	疾	병 질
賃	품팔이 임	蝶	나비 접	輯	모을 집
諮	물을 자	艇	거룻배 정	徵	부를 징
恣	방자할 자	程	길, 법 정	懲	징계할 징
雌	암컷 자	偵	정탐할 정	遮	막을 차
玆	이 자	穽	함정 정	錯	섞일 착
磁	자석 자	劑	약 지을 제	捉	잡을 착
紫	자주빛 자	釣	낚시 조	讚	기릴 찬
刺	찌를 자	措	둘 조	刹	절 찰
酌	따를, 술잔 작	燥	마를 조	札	편지, 패 찰
爵	벼슬 작	彫	새길 조	斬	벨 참
蠶	누에 잠	拙	못날 졸	慙	부끄러워할 참
潛	잠길 잠	縱	세로 종	慘	참혹할 참
暫	잠깐 잠	佐	도울 좌	彰	빛날 창
藏	감출 장	珠	구슬 주	滄	큰바다 창
粧	단장할 장	駐	머무를 주	蒼	푸를 창
墻	담 장	洲	물가 주	暢	화창할 창
掌	손바닥 장	鑄	부어 만들 주	彩	채색 채
臟	오장 장	奏	아뢸 주	悽	슬플 처
葬	장사지낼 장	週	주일, 돌 주	戚	겨레 척
莊	장엄할 장	遵	좇을 준	斥	물리칠 척

漢字	訓音		漢字	訓音		漢字	訓音
遷	옮길 천		衝	찌를, 부딪칠 충		坪	들, 평수 평
薦	천거할 천		臭	냄새 취		蔽	덮을 폐
撤	거둘 철		炊	불땔 취		幣	폐백 폐
徹	통할 철		醉	술 취할 취		廢	폐할, 버릴 폐
添	더할 첨		趣	취미 취		弊	해질 폐
尖	뾰족할 첨		稚	어릴 치		砲	대포 포
諜	염탐할 첩		漆	옻칠할 칠		抛	던질 포
廳	청사 청		枕	베개 침		怖	두려울 포
遞	갈마들 체		沈	잠길 침, 성씨 심		飽	배부를 포
滯	막힐 체		寢	잠잘 침		幅	폭 폭
締	맺을 체		墮	떨어질 타		漂	뜰 표
逮	미칠 체		托	맡길, 밀 탁		豹	표범 표
替	바꿀 체		託	부탁할 탁		標	표할 표
肖	닮을 초, 꺼질 소		琢	쪼을 탁		楓	단풍나무 풍
哨	망볼 초		濁	흐릴 탁		畢	마칠 필
抄	베낄, 노략질할 초		誕	낳을 탄		荷	연꽃, 짐 하
焦	탈 초		奪	빼앗을 탈		虐	사나울 학
觸	닿을 촉		貪	탐할 탐		鶴	학 학
促	재촉할 촉		湯	끓을 탕		旱	가물 한
燭	촛불 촉		怠	게으를 태		汗	땀 한
寵	사랑 총		胎	아이 밸 태		翰	글, 날개 한
銃	총 총		殆	위태할 태		割	벨 할
催	재촉할 최		颱	태풍 태		含	머금을 함
趨	달릴 추		兎	토끼 토		陷	빠질 함
抽	뽑을 추		透	통할 투		艦	싸움배 함
醜	추할 추		播	뿌릴 파		巷	거리 항
軸	굴대 축		頗	자못 파		奚	어찌 해
畜	기를 축		把	잡을 파		該	그, 갖출 해
蓄	모을, 저축할 축		罷	파할, 마칠 파		核	씨 핵
縮	줄일 축		霸	으뜸 패		獻	드릴 헌
逐	쫓을 축		遍	두루 편		軒	처마, 수레 헌
蹴	찰 축		編	엮을 편		玄	검을 현
衷	정성 충		偏	치우칠 편		縣	고을 현

급수별 선정한자 일람표

顯 나타날 현
懸 매달 현
弦 활시위 현
穴 구멍 혈
嫌 싫어할 혐
峽 골짜기 협
脅 위협할, 갈빗대 협
螢 반딧불 형
衡 저울 형, 가로 횡
型 틀, 본보기 형
兮 어조사 혜
慧 지혜 혜
毫 가는 털 호
浩 넓을 호
護 보호할 호
互 서로 호
胡 오랑캐 호
豪 호걸 호
酷 독할 혹
惑 미혹할 혹
魂 넋 혼
忽 갑자기 홀
鴻 기러기 홍
洪 넓을 홍
靴 가죽신 화
禾 벼 화
禍 재앙 화
穫 거둘 확
擴 넓힐 확
還 돌아올 환
換 바꿀 환
幻 허깨비 환
滑 미끄러울 활, 어지러울 골

荒 거칠 황
凰 봉황새 황
況 하물며 황
廻 돌아올 회
灰 재 회
懷 품을 회
獲 사로잡을 획
橫 가로 횡
曉 새벽 효
喉 목구멍 후
侯 제후 후
勳 공 훈
毀 헐 훼
輝 빛날 휘
携 끌 휴
痕 흉터 흔
稀 드물 희
熙 빛날 희
噫 탄식할 희, 하품 애
戱 희롱할 희

[인명 및 지명, 기타 한자]
*출제빈도가 비교적 낮은 한자

賈 성씨 가, 장사 고
嘉 아름다울 가
伽 절 가
珏 쌍옥 각
奸 범할, 간사할 간
鉀 갑옷 갑
岬 산허리 갑
腔 빈속 강
姜 성씨 강
岡 언덕 강

疆 지경 강
凱 개선할, 즐길 개
箇 낱 개
鍵 열쇠 건
劫 위협할 겁
瓊 붉은 옥 경
璟 옥빛 경
屆 이를, 극진할 계
膏 기름 고
款 정성, 조목 관
邱 땅이름, 언덕 구
灸 뜸 구
鳩 비둘기 구
玖 옥돌 구
仇 원수 구
鞠 기를 국
掘 팔 굴
倦 게으를 권
奎 별이름 규
珪 서옥 규
揆 헤아릴 규
圭 홀 규
瑾 구슬 근
兢 삼갈 긍
矜 자랑할 긍
岐 갈림길 기
麒 기린 기
耆 늙을 기
棋 바둑 기
琪 옥 기
琦 옥이름 기
騏 준마 기
溺 빠질 닉

급수별 선정한자 일람표

撻 매질할 달	冒 무릅쓸 모	毘 도울 비
毯 담요 담	牡 수컷 모	匕 비수 비
塘 못 당	耗 줄 모	彬 빛날 빈
袋 자루 대	牟 클, 소 우는 소리 모	奢 사치할 사
燾 비출, 덮을 도	毋 말 무	徙 옮길 사
萄 포도 도	巫 무당 무	撒 뿌릴 살
頓 조아릴 돈	汶 물이름 문	逝 갈 서
杜 막을 두	旻 가을 하늘 민	舒 펼 서
裸 벌거벗을 라	悶 민망할 민	錫 주석 석
剌 어그러질 랄	閔 성씨, 근심할 민	奭 클 석, 붉을 혁
萊 명아주 래	珉 옥돌 민	繕 기울 선
亮 밝을 량	玟 옥돌, 옥무늬 민	膳 반찬 선
廬 오두막집 려	旼 온화할 민	薛 성씨 설
呂 음률, 등뼈 려	旁 두루, 곁 방	閃 번쩍할 섬
侶 짝 려	肪 비계 방	燮 불꽃 섭
玲 옥소리 령	龐 클 방, 찰 롱	晟 밝을 성
隷 종 례	謗 헐뜯을 방	沼 늪 소
蘆 갈대 로	裵 성씨 배	巢 새집 소
魯 노나라 로	帛 비단 백	宋 송나라 송
壚 목로, 검을 로	弁 고깔 변	碎 부술 쇄
賂 뇌물 줄 뢰	卞 성 변	銖 무게이름 수
劉 죽일, 성씨 류	炳 불꽃 병	羞 부끄러울 수
粒 낟알 립	幷 아우를 병	隋 수나라 수, 떨어질 타
痲 저릴, 홍역 마	柄 자루 병	戍 수자리 수
寞 고요할 막	秉 잡을 병	粹 순수할 수
膜 흘떼기, 막 막	輔 도울 보	淳 순박할 순
瞞 속일 만	甫 클 보	珣 옥그릇 순
昧 어두울 매	釜 가마 부	筍 죽순 순
寐 잠잘 매	訃 부고 부	荀 풀이름 순
覓 찾을 멱	賻 부의 부	柴 섶 시
謨 꾀 모	剖 쪼갤 부	尸 시동, 주검 시
茅 띠 모	盆 동이 분	媤 시집 시
帽 모자 모	噴 뿜을 분	弑 죽일 시

급수별 선정한자 일람표

한자	뜻·음		한자	뜻·음		한자	뜻·음
湜	맑을 식		蔚	고을이름 울, 성할 위		晶	맑을 정
迅	빠를 신		媛	미인 원		汀	물가 정
娠	아이 밸 신		袁	옷, 성씨 원		町	밭두둑 정
斡	돌 알		韋	가죽, 막을 위		呈	보일, 드릴 정
庵	암자 암		渭	물이름 위		鼎	솥 정
隘	좁을 애		喩	깨우칠 유		珽	옥홀 정
禦	막을 어		踰	넘을 유		趙	나라이름 조
彦	선비 언		楡	느릅나무 유		曹	무리, 성씨 조
淵	못 연		兪	성씨, 그러할 유		爪	손톱 조
捐	버릴 연		胤	맏아들, 이을 윤		綜	모을 종
妍	예쁠 연		銃	병기, 총 윤		琮	옥홀 종
衍	퍼질 연		允	진실로 윤		註	주낼 주
燁	빛날 엽		垠	언덕 은		埈	가파를 준
瑩	귀막이 옥, 밝을 영		殷	은나라 은		峻	높을 준
伍	대오 오		姨	이모 이		駿	준마 준
吳	성씨 오		怡	화할, 기쁠 이		祉	복 지
沃	기름질 옥		翌	다음날 익		肢	사지 지
鈺	단단한 쇠 옥		鎰	스물넉 냥 일		芝	지초 지
擁	안을 옹		炙	고기 구울 자		址	터 지
汪	넓을 왕		滋	불을 자		稙	올벼 직
旺	성할 왕		疵	흠 자		秦	진나라 진
倭	왜나라 왜		雀	참새 작		窒	막을 질
耀	빛날 요		樟	녹나무 장		叉	깍지 낄 차
姚	예쁠 요		璋	반쪽 홀 장		餐	먹을 찬
夭	일찍 죽을, 요망할 요		蔣	성씨 장		燦	빛날 찬
踊	뛸 용		匠	장인 장		璨	옥 빛날 찬
溶	질펀히 흐를, 녹일 용		杖	지팡이 장		昶	밝을, 해 길 창
瑢	패옥소리 용		箸	젓가락 저		蔡	성씨, 풀떨기 채
佑	도울 우		迹	자취 적		埰	채밭 채
祐	복 우		顚	넘어질 전		采	나물, 캘 채
寓	붙어살 우		楨	광나무, 근본 정		隻	외짝, 하나 척
煜	불꽃 빛날 욱		旌	기 정		澈	물 맑을 철
旭	해뜰 욱		鄭	나라이름 정		喆	밝을 철

秒	초 초
楚	초나라 초
蜀	나라이름 촉
叢	떨기 총
崔	높을, 성씨 최
沖	깊을 충
惻	슬퍼할 측
雉	꿩 치
侈	사치할 치
勅	칙서 칙
鐸	방울 탁
眈	노려볼 탐
兌	기쁠, 괘이름 태
台	별 태, 나 이, 대 대
巴	땅이름 파
坡	언덕 파
阪	언덕 판
鞭	채찍 편
扁	현판 편
哺	먹일 포
鋪	펼, 점방 포
葡	포도 포
杓	자루 표
弼	도울 필
泌	스며 흐를 필, 샘물 흐를 비
乏	다할 핍
瑕	티, 흠 하
轄	다스릴, 비녀장 할
函	함 함
亢	목, 별이름 항
杏	은행, 살구 행
赫	붉을, 빛날 혁
峴	고개 현

炫	빛날 현
鉉	솥귀 현
狹	좁을 협
炯	빛날 형
邢	성씨, 나라이름 형
晧	밝을 호
祜	복 호
昊	하늘 호
壕	해자, 도랑 호
鎬	호경, 빛날 호
皓	흴 호
桓	굳셀 환
煥	빛날 환
晃	밝을 황
賄	뇌물 회
淮	물이름 회
后	왕후 후
熏	연기 낄 훈
薰	향풀, 향내 훈
烋	아름다울 휴, 기세 대단할 효
欽	공경할 흠
欠	하품 흠
禧	복 희
姬	아씨 희
嬉	즐길 희
犧	희생 희

뜻과 음이 여럿인 한자

[8급]

父	아버지 부, 남자미칭 보

[7급]

金	쇠 금, 성 김

[6급]

內	안 내, 여관(女官) 나
北	북녘 북, 달아날 배

[준5급]

車	수레 거, 수레 차
不	아니 불, 아니 부
分	나눌 분, 푼 푼
洞	골 동, 꿰뚫을 통
食	밥 식, 먹이 사
合	합할 합, 홉 홉

[5급]

見	볼 견, 뵐 현
度	법도 도, 헤아릴 탁
讀	읽을 독, 구절 두
樂	즐거울 락, 풍류 악, 좋아할 요
省	살필 성, 덜 생
便	편할 편, 똥오줌 변

[준4급]

告	알릴 고, 뵙고 청할 곡
說	말씀 설, 달랠 세, 기쁠 열
數	셈 수, 자주 삭, 빽빽할 촉
宿	잠잘 숙, 별자리 수
識	알 식, 기록할 지
氏	성씨 씨, 나라이름 지
惡	악할 악, 미워할 오
葉	입 엽, 땅이름 섭
參	참여할 참, 석 삼(三)

급수별 선정한자 일람표

宅　집 택, 집 대
畵　그림 화, 그을 획

[4급]

乾　하늘 건, 마를 간(건)
更　다시 갱, 고칠 경
丹　붉을 단, 꽃이름 란
復　돌아올 복, 다시 부
否　아닐 부, 막힐 비
寺　절 사, 관청 시
拾　주울 습, 열 십(十)
若　같을(만약) 약, 절 야
辰　별 진, 때 신
則　법칙 칙, 곧 즉
布　펼 포, 펼 보(속음)
暴　사나울 포, 드러낼 폭, 사나울 폭

[3급]

降　내릴 강, 항복할 항
茶　차 차, 차 다
複　겹칠 복, 거듭 부
易　쉬울 이, 바꿀 역
積　쌓을 적, 저금할 자
切　끊을 절, 온통 체

[2급]

賈　성씨 가, 장사 고
龜　거북 귀(구), 터질 균, 땅이름 구
豈　어찌 기, 화락할 개
奈　어찌 내, 어찌 나
屯　모일 둔, 어려울 준
率　비율 률, 거느릴 솔
龐　클 방, 찰 롱
覆　덮을 부, 뒤집힐 복
塞　변방 새, 막을 색
奭　클 석, 붉을 혁

隋　수나라 수, 떨어질 타
瑩　귀막이 옥, 밝을 영
歪　비뚤 외, 비뚤 왜
蔚　성할 위, 고을이름 울
肖　닮을 초, 꺼질 소
沈　잠길 침, 성씨 심
台　별 태, 나 이, 대 대
泌　스며 흐를 필, 샘물 흐를 비
滑　미끄러울 활, 어지러울 골
衡　저울 형, 가로 횡
烋　아름다울 휴, 기세 대단할 효
噫　탄식할 희, 하품 애

*속음: 원음이 변하여 널리 통용되어지는 음

한자자격시험 2급 예상문제

1~16회

객관식 (1~30번)

■ 다음 [ ] 안의 한자와 음이 같은 한자는?

1. [卿] ① 僑　② 炅　③ 剛　④ 翼
2. [縫] ① 俸　② 籠　③ 紊　④ 竝
3. [酌] ① 孃　② 按　③ 搖　④ 爵
4. [觸] ① 疾　② 掌　③ 促　④ 酷
5. [淵] ① 址　② 甫　③ 捐　④ 函

■ 다음 [ ] 안의 한자와 뜻이 비슷한 한자는?

6. [災] ① 卦　② 附　③ 黙　④ 殃
7. [街] ① 越　② 捐　③ 巷　④ 遮

■ 다음 [ ] 안의 한자와 뜻이 반대(상대)인 한자는?

8. [迎] ① 送　② 矢　③ 殖　④ 茫
9. [急] ① 桂　② 勤　③ 麗　④ 窟

■ 다음 〈보기〉의 내용들과 가장 관련이 깊은 한자는?

10. 보기 | 전쟁　　장군　　이순신
　① 僧　② 帥　③ 紫　④ 替

11. 보기 | 귀　　당근　　거북이
　① 豪　② 枯　③ 峽　④ 兎

12. 보기 | 겨울　　영하　　얼음
　① 煉　② 藍　③ 凍　④ 稻

■ 다음 설명과 같은 뜻을 지닌 한자어는?

13. 동물 또는 식물에서 채취한 기름을 통틀어 이르는 말
　① 鴻雁　② 油脂　③ 相互　④ 名譽

14. 참가할 수 있는 권리를 스스로 포기하고 행사하지 아니함
　① 棄權　② 沙漠　③ 酸化　④ 發芽

15. 실업자의 발생 정도를 표시한 것으로 고용실업정세를 파악할 때 사용되는 중요한 지표
　① 經驗論　② 生計費　③ 失業率　④ 繼續性

16. 당사자 한쪽이 상대방에 대하여 노무에 임할 것을 약속하고, 상대방이 이에 대해 보수를 지급하는 것을 말함
　① 雇傭　② 政堂　③ 壓力　④ 厄運

17. 한 나라가 자국통화와 각국 통화 간의 환율을 결정할 때 그 기준으로 삼기 위해 먼저 결정되는 특정국 통화와의 환율을 가리키는 말
　① 企準換率　　② 企準還率
　③ 基準換率　　④ 基準還率

18. 국회의원이 국회 안에서 직무상 행한 발언과 표결에 관하여 국회 밖에서 민사상·형사상 책임을 지지 않는다는 특권
　① 勉債特權　　② 勉責特權
　③ 免債特權　　④ 免責特權

■ 다음 한자어의 독음이 바르지 않은 것은?

19. ① 短杖 : 단장　　② 旌表 : 정표
　③ 翰林 : 한림　　④ 隷屬 : 부속

20. ① 朔風 : 역풍　　② 墓碑 : 묘비
　③ 倣似 : 방사　　④ 趣向 : 취향

21. ① 滿醉 : 만취　　② 偶像 : 우상
　③ 脚韻 : 각운　　④ 拙稿 : 출고

22. ① 近影 : 근경　　② 嗚呼 : 오호
　③ 豫約 : 예약　　④ 靈魂 : 영혼

■ 다음 문장 중 ( ) 안에 들어갈 한자어로 알맞은 것은?

23. 젓가락을 물속에 넣으면 ( )되어 보인다.
　① 屈折　② 心琴　③ 慨歎　④ 脚下

24. 당 태종은 두 차례에 걸쳐 고구려 침략을 감행했으나, 그때마다 고구려군에게 ( )되었다.
　① 糖分　② 忌避　③ 擊退　④ 罔極

25. ( )한 세력들이 음결하는 것을 막는 것이 우리의 임무이다.
　① 葛布　② 伸張　③ 卑俗　④ 邪惡

26. 온 (　　) 안이 경사스러운 소식을 접하고 흥분에 빠져 들었다.

    ① 昏迷　　② 謀議　　③ 宮闕　　④ 憐憫

27. 이 음료는 사과 원액을 (　　)하여 만든 것입니다.

    ① 符號　　② 御命　　③ 稀釋　　④ 殃禍

28. 이번 한 번만 (　　)을 베풀어 주시면 개과천선하여 다시는 죄를 짓지 않겠습니다.

    ① 寬容　　② 僑胞　　③ 表裏　　④ 隣近

■ 다음 한자어의 뜻풀이가 맞는 것은?

29. ① 自薦 : 슬플 때나 탄식할 때 내는 소리
    ② 摘要 : 여러 가지 약재를 섞어 조제한 약
    ③ 統率 : 무리를 거느려 다스림
    ④ 民弊 : 호인들이 일으킨 난리

30. ① 滄海 : 사람의 기원대로 되는 신기한 경험
    ② 蘇生 : 좋은 징조의 꿈
    ③ 閨房 : 씨앗에서 싹이 틈
    ④ 丹粧 : 얼굴, 머리, 옷차림 따위를 곱게 꾸밈

주관식 (주1~주70번)

■ 다음 한자의 훈음을 쓰시오.

주1. 肩 (　　　　)　　주2. 弘 (　　　　)

주3. 鷗 (　　　　)　　주4. 幻 (　　　　)

주5. 封 (　　　　)　　주6. 豹 (　　　　)

주7. 憫 (　　　　)　　주8. 滯 (　　　　)

주9. 桑 (　　　　)　　주10. 撻 (　　　　)

주11. 鎭 (　　　　)　　주12. 姙 (　　　　)

주13. 審 (　　　　)　　주14. 裳 (　　　　)

■ 다음 훈음에 맞는 한자를 쓰시오.

주15. 목맬 교 (　　　　)　　주16. 힘쓸 려 (　　　　)

주17. 문벌 벌 (　　　　)　　주18. 윤달 윤 (　　　　)

주19. 구멍 혈 (　　　　)　　주20. 가죽신 화 (　　　　)

■ 다음 한자어의 독음을 쓰시오.

주21. 感懷 (　　　　)　　주22. 朗報 (　　　　)

주23. 浩然 (　　　　)　　주24. 頻數 (　　　　)

주25. 漂白 (　　　　)　　주26. 僧家 (　　　　)

주27. 聽令 (　　　　)　　주28. 鞍裝 (　　　　)

주29. 姻戚 (　　　　)　　주30. 燕息 (　　　　)

주31. 餘震 (　　　　)　　주32. 腰痛 (　　　　)

주33. 對酌 (　　　　)　　주34. 傍證 (　　　　)

주35. 淫談 (　　　　)

■ 다음 □ 안에 공통으로 들어갈 한자를 〈보기〉에서 찾아 쓰시오.

보기	壓　　魄　　裁　　滴　　詳　　斥

주36. 氣□, 魂□　　(　　　　)

주37. □述, 昭□　　(　　　　)

주38. □力, 强□　　(　　　　)

주39. □斷, □縫　　(　　　　)

■ 다음 〈보기〉의 주어진 뜻으로 보아 □ 안에 공통으로 들어갈 한자를 쓰시오.

주40. ① 濃□　② □小　　(　　　　)

보기	① 액체를 진하게 졸임 ② 모양이나 규모 따위를 줄여서 작게 함

주41. ① □明　② 浸□　　(　　　　)

보기	① 빛이 잘 통하여 속까지 환히 보임 ② 속속들이 스며듦

주42. ① 毒□　② □足　　(　　　　)

보기	① 이빨에 독액 분비선을 갖는 뱀의 총칭 ② 쓸데없는 군짓을 하여 도리어 잘못되게 함을 이르는 말

주43. ① □行　② 完□　　(　　　　)

보기	① 생각하거나 계획한 대로 일을 해냄 ② 뜻한 바를 완전히 이루거나 다 해냄

■ 다음 문장 중 ( ) 안의 단어를 한자로 쓰시오.

주44. 우리 마을의 명가수를 (소개)합니다. (   )

주45. 단지 (연약)한 여자인 줄만 알았던 그녀는 놀랍게도 태권도 유단자였다. (   )

주46. 자본주의 경제의 성숙에 따라 고도의 (금융) 산업이 발달하였다. (   )

주47. (파견) 근무를 마치고 다시 본사로 들어오라는 연락이 왔다. (   )

주48. 그녀는 무대에 올라서 오랫동안 닦은 기량을 (과시)했다. (   )

주49. 요즘 불법 복제에 대한 (소송)이 잇따라 제기되고 있다. (   )

주50. 종합(검사) 결과 그의 신체에는 아무 이상이 없음이 밝혀졌다. (   )

■ 다음 문장 중 한자어의 독음을 쓰시오.

주51. 삼촌은 조상의 **墳墓**가 있는 선산에 갔다. (   )

주52. 이곳의 수출품은 **纖維** 제품이 주종을 이룬다. (   )

주53. 그는 **移徙** 날짜를 휴일인 이번 주 일요일로 골라잡았다. (   )

주54. 그의 발상은 **奇拔**하고 참신했다. (   )

주55. 그는 선생님에게 다시는 지각을 하지 않겠다고 **誓約**했다. (   )

주56. 어른께 예사말을 쓰는 것은 **恭遜**하지 못한 행동이다. (   )

주57. 이 버스는 관광지 내에서만 하루에 열 번씩 오가는 **循環** 버스이다. (   )

주58. 감정의 **抑制**를 못하면 일을 그르치게 된다. (   )

주59. 논과 밭에 다량으로 **撒布**되는 농약 때문에 하천이 오염되고 있다. (   )

주60. 임금이 처음 즉위하여 **宗廟**에 배알하는 의례를 행하였다. (   )

주61. 국론의 **分裂**을 막고 모두가 굳게 단결해야 한다. (   )

주62. 그는 돈 없고 힘없는 사람들을 위해 무료 **診療**를 했다. (   )

■ 다음 문장 중 한자어의 잘못 쓰인 부분을 바르게 고쳐 쓰시오.

주63. 서너 시간이나 되는 것 같이 긴 시간이 **針黙** 속에서 지나갔다. (→   )

주64. 대한민국의 영토는 한반도와 그 **腐屬**으로 한다. (→   )

주65. 해조는 일반적으로 섬이나 연안에 모여 집단 **繁息**을 한다. (→   )

■ 다음 〈보기〉의 한자성어에 대한 설명을 읽고 □ 안에 들어갈 한자를 쓰시오.

주66. 切□□心 　　　　(,   )

보기 '몹시 분하여 이를 갈고 속을 썩인다'는 뜻으로, 원통하고 분한 정도가 심함을 비유하는 말

주67. 群□一□ 　　　　(,   )

보기 '닭 무리 속에 끼어 있는 한 마리의 학'이란 뜻으로, 평범한 여러 사람들 가운데 뛰어난 사람을 이르는 말

주68. □夷□夷 　　　　(,   )

보기 '오랑캐로 오랑캐를 제어한다'는 뜻으로, 이 나라의 힘을 빌리어 저 나라를 침을 의미하는 말

주69. □□爲馬 　　　　(,   )

보기 '사슴을 가리켜 말이라고 한다'는 뜻으로, 꾀를 부려 다른 사람을 농락하거나 권세를 휘두름

주70. 寸□□人 　　　　(,   )

보기 '한 치의 짧은 칼로 사람을 죽인다'는 뜻으로, 짧은 말로 사람의 마음을 감동시킴

객관식 (1~30번)

■ 다음 [ ] 안의 한자와 음이 같은 한자는?

1. [枯] ① 顧　② 館　③ 隱　④ 韻
2. [潤] ① 似　② 伊　③ 尹　④ 磁
3. [肖] ① 消　② 哨　③ 削　④ 孰
4. [盧] ① 賈　② 粒　③ 侶　④ 沃
5. [燃] ① 壹　② 癌　③ 弄　④ 軟

■ 다음 [ ] 안의 한자와 뜻이 비슷한 한자는?

6. [沒] ① 卦　② 附　③ 黙　④ 陷
7. [鴻] ① 雁　② 捐　③ 巷　④ 遮

■ 다음 [ ] 안의 한자와 뜻이 반대(상대)인 한자는?

8. [擴] ① 按　② 灰　③ 弦　④ 縮
9. [偶] ① 暑　② 像　③ 眞　④ 伯

■ 다음 〈보기〉의 내용들과 가장 관련이 깊은 한자는?

10. 보기　성인　　군자　　의인
　　① 岸　② 枝　③ 頌　④ 瓦

11. 보기　줄타기　연예인　배우
　　① 俳　② 汎　③ 墳　④ 升

12. 보기　비둘기　꿩　제비
　　① 楊　② 禽　③ 碑　④ 翁

■ 다음 설명과 같은 뜻을 지닌 한자어는?

13. 마음속에서 우러나는 참된 마음
　　① 監獄　② 童謠　③ 衷心　④ 娛樂

14. 행동을 함께하기 위하여 서로 붙들어 도와줌
　　① 抛棄　② 雌雄　③ 凝視　④ 提携

15. 물러났던 관직이나 직업에 다시 종사함
　　① 復職　② 復古　③ 職務　④ 賃金

16. 조선 영조 때에, 노론과 소론의 인재를 고루 등용하여 당파 경쟁을 없애자고 한 의논
　　① 蕩平論　② 大藏經　③ 司諫院　④ 流動性

17. 경제적 가치를 가지며 점유나 매매 같은 경제 행위의 대상이 되는 재화
　　① 經濟財　② 經濟材　③ 經制材　④ 經制財

18. 건설교통부 장관이 조사·평가하여 공시한 표준지의 단위 면적당 가격. 양도세·상속세 따위의 각종 토지 관련 세금의 과세 기준으로, 1989년 7월부터 시행되고 있음
　　① 公示地價　　　　② 公時地價
　　③ 共示地價　　　　④ 共時地價

■ 다음 한자어의 독음이 바르지 않은 것은?

19. ① 偵察 : 정찰　　② 熟視 : 숙시
　　③ 不實 : 불실　　④ 頃刻 : 경각

20. ① 葛布 : 갈포　　② 動搖 : 동요
　　③ 啓蒙 : 개몽　　④ 永訣 : 영결

21. ① 紊亂 : 민란　　② 幻滅 : 환멸
　　③ 巡廻 : 순회　　④ 預託 : 예탁

22. ① 罔極 : 망극　　② 帳幕 : 장모
　　③ 受侮 : 수모　　④ 戈矛 : 과모

■ 다음 문장 중 ( ) 안에 들어갈 한자어로 알맞은 것은?

23. 가끔은 (　　)하는 태도를 보이는 것도 나쁘지 않다.
　　① 碧眼　② 窮僻　③ 旋盤　④ 傍觀

24. 헌병들이 집총을 하고 (　　)한 경계를 펴고 있다.
　　① 敍述　② 解釋　③ 森嚴　④ 鹽田

25. 옷감은 다시 (　　)이나 가공 과정을 거치게 된다.
　　① 汚名　② 染色　③ 腰帶　④ 暫定

26. 이 (　　)은 보존 상태가 양호하다.
　　① 遺蹟　② 焦燥　③ 裁縫　④ 鼓舞

27. 한 사업가가 그 고아원에 피아노 한 대를 (　) 하였다.
　① 振興　② 津液　③ 過勞　④ 贈與

28. 두 시부터 (　) 회의가 열린다는 회람이 돌았다.
　① 普遍　② 編輯　③ 含蓄　④ 藝人

■ 다음 한자어의 뜻풀이가 바르지 않은 것은?

29. ① 頃刻 : 아주 짧은 시간
　② 勇猛 : 용감하고 사나움
　③ 蠶室 : 누에를 기름
　④ 傷痕 : 상처를 입은 자리에 남은 자국

30. ① 檢閱 : 어떤 행위나 사업 따위를 살펴 조사하는 일
　② 微細 : 분간하기 어려울 정도로 아주 작음
　③ 混濁 : 소리가 굵고 거침
　④ 賦課 : 세금이나 부담금 따위를 매기어 부담하게 함

주관식 (주1~주70번)

■ 다음 한자의 훈음을 쓰시오.

주1. 娛 (　　)　　주2. 騎 (　　)
주3. 粧 (　　)　　주4. 那 (　　)
주5. 琢 (　　)　　주6. 陶 (　　)
주7. 弦 (　　)　　주8. 欄 (　　)
주9. 銃 (　　)　　주10. 磨 (　　)
주11. 詠 (　　)　　주12. 綿 (　　)
주13. 霧 (　　)　　주14. 蜜 (　　)

■ 다음 훈음에 맞는 한자를 쓰시오.

주15. 싹 묘 (　　)　　주16. 상자 상 (　　)
주17. 졸 수 (　　)　　주18. 두려울 외 (　　)
주19. 어금니 아 (　　)　　주20. 피리 적 (　　)

■ 다음 한자어의 독음을 쓰시오.

주21. 橫厄 (　　)　　주22. 漠然 (　　)
주23. 嘗試 (　　)　　주24. 尿道 (　　)
주25. 旦暮 (　　)　　주26. 收穫 (　　)
주27. 徑間 (　　)　　주28. 經穴 (　　)
주29. 燒却 (　　)　　주30. 鬱蒼 (　　)
주31. 莊園 (　　)　　주32. 防疫 (　　)
주33. 宰相 (　　)　　주34. 斡旋 (　　)
주35. 斷今 (　　)

■ 다음 □ 안에 공통으로 들어갈 한자를 〈보기〉에서 찾아 쓰시오.

보기	愼　燥　裁　簡　賃　夢

주36. 吉□ , 解□　　(　　)
주37. □渴 , 乾□　　(　　)
주38. □單 , □素　　(　　)
주39. 謹□ , □重　　(　　)

■ 다음 〈보기〉의 주어진 뜻으로 보아 □ 안에 공통으로 들어갈 한자를 쓰시오.

주40. ① 驅□　② □出　　(　　)
　보기　① 어떤 세력 따위를 몰아서 쫓아냄
　　　　② 쫓아내거나 몰아냄

주41. ① 一□　② □球　　(　　)
　보기　① 제안이나 부탁 따위를 단번에 거절하거나 물리침
　　　　② 주로 발로 공을 차서 상대편의 골에 공을 많이 넣는 것으로 승부를 겨루는 경기

주42. ① 偏□　② □多　　(　　)
　보기　① 공정하지 못하고 어느 한쪽으로 치우쳐 있음
　　　　② 널리 퍼져 있음

주43. ① □給　② □要　　(　　)
　보기　① 수요와 공급
　　　　② 필요한 상품을 얻고자 하는 일

■ 다음 문장 중 ( ) 안의 단어를 한자로 쓰시오.

주44. 방면의 기술자를 (초빙)하여 의견을 듣기로 하였다.
( )

주45. (참선)을 하면 모든 잡념은 사라지고 마음은 평화롭게
된다. ( )

주46. (당분)의 농도가 50% 이상이 되면 미생물의 발육이
억제된다. ( )

주47. 우리 모두 (박수)로써 새 친구를 환영합시다. ( )

주48. 겨울이 지나고 동풍이 불어오니 만물이 (소생)한다.
( )

주49. 순 우리 (자본)과 기술로 회사를 창립하기로 했다.
( )

주50. 그는 (평생) 동안 애장해 온 조상의 유품을 박물관에
기증했다. ( )

■ 다음 문장 중 한자어의 독음을 쓰시오.

주51. 엄마가 깜짝 놀랄 만한 **膳物**을 준비했다. ( )

주52. 그가 그 사건의 결정적인 **端緒**를 쥐고 있다. ( )

주53. 하천의 **汎濫**을 막기 위해 제방을 쌓다. ( )

주54. 적을 **壞滅**하려는 아군의 총공세가 시작되었다.
( )

주55. 무분별한 개발로 여러 식물의 자생지가 **毀損**되고 있다.
( )

주56. 침략군이 저지른 **蠻行**은 잔인스럽기 짝이 없었다.
( )

주57. 이 화초는 온실에서 **栽培**되었다. ( )

주58. 기업은 **利潤**의 극대화를 목표로 한다. ( )

주59. 선수들은 경기 규칙을 **遵守**할 것을 선서하였다.
( )

주60. 천하의 **豪傑**들이 다 모였다. ( )

주61. 인공위성을 지구의 **軌道** 위로 쏘아 올렸다. ( )

주62. 내 의견을 듣고 친구는 **肯定**의 뜻으로 고개를 끄덕였다.
( )

■ 다음 문장 중 한자어의 잘못 쓰인 부분을 바르게 고쳐
쓰시오.

주63. 나는 외국 유학을 다녀온 그에게 **煩譯** 일을 부탁했다.
(→)

주64. 어른 앞에서 **放諮**하게 굴지 마라. (→)

주65. **殆風** 때문에 많은 농경지가 침수되어 농민들의 피해가
극심하였다. (→)

■ 다음 〈보기〉의 한자성어에 대한 설명을 읽고 □ 안에
들어갈 한자를 쓰시오.

주66. 如 □□ 氷 (,)

보기	'마치 엷은 얼음을 밟는 듯하다'는 뜻으로, 매우 위험하고 위태로운 상황을 의미하는 말

주67. □ 上 □ 花 (,)

보기	'비단 위에 꽃을 더한다'는 뜻으로, 좋은 일 위에 또 좋은 일이 더하여짐을 비유적으로 이르는 말, 왕안석의 글에서 유래

주68. □ 事 多 □ (,)

보기	'좋은 일에는 마가 끼기 쉽다'는 뜻으로, 좋은 일이 있을 때에는 방해가 되는 일이 많이 생김을 의미하는 말

주69. □□ 顯 正 (,)

보기	'사악한 것을 깨뜨리고 바른 것을 나타낸다'는 뜻

주70. □ 肉 之 □ (,)

보기	'자기의 살을 괴롭게 하는 꾀'라는 뜻으로, 어쩔 수가 없어서 자신을 희생시키면서까지 내는 꾀

3회 한자자격시험 2급 예상문제

객관식 (1∼30번)

■ 다음 [ ] 안의 한자와 음이 같은 한자는?

1. [泥] ①尿 ②屍 ③死 ④尼
2. [麗] ①途 ②勵 ③藍 ④零
3. [晨] ①腎 ②骨 ③振 ④緊
4. [液] ①堯 ②夜 ③危 ④厄
5. [巢] ①帽 ②沼 ③禦 ④燮

■ 다음 [ ] 안의 한자와 뜻이 비슷한 한자는?

6. [鳳] ①凰 ②臭 ③畜 ④衝
7. [翰] ①札 ②把 ③怖 ④坪

■ 다음 [ ] 안의 한자와 뜻이 반대(상대)인 한자는?

8. [優] ①蔦 ②劣 ③邪 ④蒸
9. [緩] ①保 ②燭 ③急 ④蓄

■ 다음 〈보기〉의 내용들과 가장 관련이 깊은 한자는?

10. 보기: 심장　　신장　　폐
　　①諒 ②臟 ③藍 ④筋

11. 보기: 꿀　　침　　곤충
　　①拉 ②按 ③奮 ④蜂

12. 보기: 알　　새벽　　조류
　　①鷄 ②侍 ③匪 ④磁

■ 다음 설명과 같은 뜻을 지닌 한자어는?

13. 세포가 외부요인에 의해 죽는 것을 말함
　　①獄司 ②壞死 ③辭讓 ④舍廊

14. 믿음과 의리를 저버리고 돌아섬
　　①背叛 ②躍進 ③飜譯 ④苦悶

15. 물질이 공기 속의 산소와 화합하여 빛과 열을 내는 현상
　　①痛哭 ②竊盜 ③釣魚 ④燃燒

16. 조선 고종 32년(1895년) 11월에 을미개혁의 일환으로 상투 풍속을 없애고 머리를 짧게 깎도록 한 명령
　　①短髮令 ②短拔令 ③斷髮令 ④斷拔令

17. 타인이나 자신의 성취에 대해 갖는 기대가 성취에 미치는 효과를 말하는 것으로 주로 긍정적인 효과를 의미
　　①企待效果 ②期待效果
　　③企對效果 ④期對效果

18. 신주를 발행할 경우에 우선적으로 신주를 인수할 수 있는 권리
　　①新株引受權 ②新主引受權
　　③神酒引受權 ④新朱引受權

■ 다음 한자어의 독음이 바르지 않은 것은?

19. ①落淚 : 낙루 ②沙漠 : 사막
　　③占卦 : 점괘 ④謁見 : 알현

20. ①標識 : 표식 ②逮捕 : 체포
　　③演奏 : 연주 ④埋葬 : 매장

21. ①熏劑 : 훈제 ②雄稚 : 웅치
　　③鄭重 : 정중 ④豪奢 : 호치

22. ①愚愚 : 유우 ②飼育 : 사육
　　③收奪 : 수여 ④砲手 : 포수

■ 다음 문장 중 ( ) 안에 들어갈 한자어로 알맞은 것은?

23. 그는 도서관에 가서 참고 서적을 ( )했다.
　　①獻納 ②穴居 ③石灰 ④閱覽

24. 아직 그곳에 도착하기란 ( )한 일이다.
　　①遙遠 ②離陸 ③森羅 ④虛弱

25. 상상을 ( )한 모험이 감행되었다.
　　①許諾 ②隱逸 ③超越 ④漸次

26. 정부는 학계의 ( )을 통해 환경 보호 구역을 정하였다.
　　①違背 ②乾草 ③諮問 ④諸侯

27. 공원 안에서는 (   )를 금합니다.

① 動搖　　② 炊事　　③ 含蓄　　④ 騰落

28. 이순신 장군은 결국 (   )을 총지휘하여 왜병과의 싸움에 나섰다.

① 均衡　　② 賃貸　　③ 羽翼　　④ 戰艦

■ 다음 한자어의 뜻풀이가 바르지 않은 것은?

29. ① 華麗 : 빛나고 아름다움

② 肅然 : 삼가고 두려워하는 모양

③ 厭世 : 세상을 괴롭고 귀찮은 것으로 여겨 비관함

④ 蒸散 : 물품 따위를 선물로 줌

30. ① 汚名 : 세상에 알려진 이름이나 명예

② 莊嚴 : 엄숙하고 위엄 있음

③ 抛棄 : 하려던 일을 도중에 그만두어버림

④ 螢雪 : 고생하면서도 꾸준히 학문을 닦음

주관식 (주1~주70번)

■ 다음 한자의 훈음을 쓰시오.

주1. 窟 (　　　)　　주2. 閣 (　　　)

주3. 洲 (　　　)　　주4. 謙 (　　　)

주5. 臭 (　　　)　　주6. 尋 (　　　)

주7. 伊 (　　　)　　주8. 飾 (　　　)

주9. 夢 (　　　)　　주10. 匪 (　　　)

주11. 朗 (　　　)　　주12. 隆 (　　　)

주13. 菜 (　　　)　　주14. 零 (　　　)

■ 다음 훈음에 맞는 한자를 쓰시오.

주15. 우산 산　(　　　)　　주16. 간 간　(　　　)

주17. 쌍 쌍　(　　　)　　주18. 화살 시　(　　　)

주19. 칼날 인　(　　　)　　주20. 통할 철　(　　　)

■ 다음 한자어의 독음을 쓰시오.

주21. 豫約 (　　　)　　주22. 融通 (　　　)

주23. 揷畵 (　　　)　　주24. 曉晨 (　　　)

주25. 燕息 (　　　)　　주26. 腎臟 (　　　)

주27. 滯貨 (　　　)　　주28. 迅速 (　　　)

주29. 刹那 (　　　)　　주30. 傭人 (　　　)

주31. 容貌 (　　　)　　주32. 碧眼 (　　　)

주33. 籠絡 (　　　)　　주34. 圖鑑 (　　　)

주35. 標札 (　　　)

■ 다음 □ 안에 공통으로 들어갈 한자를 〈보기〉에서 찾아 쓰시오.

보기	郊	惑	衷	纖	殃	趨

주36. □外 , 近□　(　　　)

주37. □禍 , 災□　(　　　)

주38. □維 , □細　(　　　)

주39. 誘□ , □世　(　　　)

■ 다음 〈보기〉의 주어진 뜻으로 보아 □ 안에 공통으로 들어갈 한자를 쓰시오.

주40. ① □田　② □分　(　　　)

보기	① 소금을 만들기 위하여 바닷물을 끌어들여 논처럼 만든 곳 ② 소금기

주41. ① 分□　② 破□　(　　　)

보기	① 찢어져 나누어짐 ② 깨어지거나 갈라져 터짐

주42. ① 主□　② 地□　(　　　)

보기	① 전체 가운데서 중심이 되어 영향을 미치는 존재나 세력 ② 지구의 자전축, 대지의 중심

주43. ① □揚　② □載　(　　　)

보기	① 기 따위를 높이 닮 ② 글이나 그림 따위를 신문이나 잡지 따위에 실음

■ 다음 문장 중 ( ) 안의 단어를 한자로 쓰시오.

주44. 이 병은 비만인 사람들에게 발생 (빈도)가 높다. (   )

주45. 수산 자원의 감소는 어업이 (쇠퇴)하는 결과를 낳았다.
(   )

주46. 몸살이 심하여 (탕약) 한 첩을 달여 먹었다. (   )

주47. 선진국의 65세 이상 인구 비율은 1995년 13.5%로 이미
(고령) 사회에 진입했다. (   )

주48. 중학생에게는 상당히 어려운 수학 (문제)였다. (   )

주49. 소생의 몸이 백골이 (진토)가 된들 어이 내 나라와 내
겨레를 잊어버리겠소이까. (   )

주50. 그는 대학원에 진학해 (석사) 학위를 받았다. (   )

■ 다음 문장 중 한자어의 독음을 쓰시오.

주51. 신분제의 *動搖*로 양반 중심 사회는 커다란 위기에
처했다. (   )

주52. 꼭짓점이 셋 이상인 도형에는 삼각형도 *包含*된다.
(   )

주53. 이번 *崩壞* 사건은 공사 관리 소홀로 빚어진 인재이다.
(   )

주54. 프로그램에 *誤謬*가 생겨 컴퓨터가 작동하지 않는다.
(   )

주55. 강물이 *解凍*하여 뱃길은 열렸다. (   )

주56. 바다 위로 갈매기가 비상을 즐기듯 *旋回*했다. (   )

주57. 신돈의 평양 *遷都*는 빠르게 진행되지 못했다. (   )

주58. 조정에서는 왜적을 막지 못한 책임을 물어 군수를
*罷職*했다. (   )

주59. 그는 이번 올림픽 대회에서 금메달을 *獲得*하였다.
(   )

주60. 그의 주장에 대하여 반론할 *根據*가 전혀 없었다.
(   )

주61. 계몽운동을 통하여 *迷信* 타파가 이루어졌다. (   )

주62. 대립과 *憎惡*의 벽을 넘어 화해와 협력의 시대를 열었다.
(   )

■ 다음 문장 중 한자어의 잘못 쓰인 부분을 바르게 고쳐
쓰시오.

주63. 그의 노래는 뭇사람의 *心金*을 울린다. (→   )

주64. 이번 태풍은 폭풍을 *同半*할 것으로 예상된다.
(→   )

주65. 석유가 *姑渴*할 때를 대비해서 대체 자원을 개발해야
한다. (→   )

■ 다음 〈보기〉의 한자성어에 대한 설명을 읽고 □ 안에
들어갈 한자를 쓰시오.

주66. □*者無*□　　　　　　(,   )

보기 '뿔이 달린 놈은 날카로운 이가 없다'는 뜻으로, 한 사람이 여러 가지 복이나 재주를 갖출 수는 없음을 의미하는 말

주67. *鼓 腹*□□　　　　　　(,   )

보기 '배를 두드리고 땅을 치며 태평을 노래한다'는 뜻으로, 정치가 잘 되어 백성들이 평안을 누리는 태평성대를 이룸을 의미하는 말

주68. □□*蒼 波*　　　　　　(,   )

보기 '만 이랑이나 되는 바다의 파도'라는 뜻으로, 한없이 넓은 바다를 뜻하는 말

주69. *牽*□□*會*　　　　　　(,   )

보기 '이치에 맞지 않는 말을 억지로 끌어다가 둘러 붙인다'는 뜻으로, 사리에 닿지 않는 일을 자신에게 유리하도록 끌어다 붙임을 의미하는 말

주70. *男*□*女*□　　　　　　(,   )

보기 '남자는 지고 여자는 인다'는 뜻으로, 가난한 사람들이나 전쟁 중에 살 곳을 찾아 이리저리 떠돌아 다님을 이르는 말

객관식 (1~30번)

■ 다음 [ ] 안의 한자와 음이 같은 한자는?

1. [祉] ① 杖　　② 哺　　③ 肢　　④ 鐸
2. [煉] ① 鍊　　② 欄　　③ 爛　　④ 諫
3. [廊] ① 銀　　② 恨　　③ 限　　④ 朗
4. [醉] ① 最　　② 恥　　③ 趣　　④ 醜
5. [頗] ① 番　　② 播　　③ 審　　④ 飜

■ 다음 [ ] 안의 한자와 뜻이 비슷한 한자는?

6. [倣] ① 蔡　　② 模　　③ 暮　　④ 慕
7. [侮] ① 禍　　② 滑　　③ 蔑　　④ 惜

■ 다음 [ ] 안의 한자와 뜻이 반대(상대)인 한자는?

8. [橫] ① 縱　　② 김　　③ 宣　　④ 閨
9. [添] ① 獲　　② 槪　　③ 棄　　④ 削

■ 다음 〈보기〉의 내용들과 가장 관련이 깊은 한자는?

10. **보기**　소나기　　장마　　이슬비
　　① 錯　　② 毒　　③ 傘　　④ 讚

11. **보기**　임금　　조정　　종묘
　　① 圈　　② 闕　　③ 驅　　④ 摩

12. **보기**　눈물　　죽음　　애도
　　① 斡　　② 揭　　③ 憩　　④ 喪

■ 다음 설명과 같은 뜻을 지닌 한자어는?

13. 영화나 연극 등에서 극중의 인물로 분장하여 연기하는 사람
　　① 飼料　　② 治療　　③ 俳優　　④ 零細

14. 같이 넣어 함께 봉함
　　① 同封　　② 鳳凰　　③ 港灣　　④ 奴婢

15. 전혀 다른 것이 섞이지 아니함
　　① 旺盛　　② 純粹　　③ 痕迹　　④ 風采

16. 지방자치단체가 지방세를 부과할 때에 적용하는 세율
　　① 表準稅率　　② 標準稅率
　　③ 表準貰率　　④ 標準貰率

17. 수정체가 회백색으로 흐려져서 시력이 떨어지는 질병, 노화로 발병하는 경우가 가장 많으나 상처를 입거나 당뇨병을 앓아서 발병하기도 함
　　① 白內障　　② 百耐腸
　　③ 百耐障　　④ 白內腸

18. 금융거래의 정상화와 합리적 과세기반을 마련하기 위해 도입된 제도로, 은행예금이나 증권투자 등 금융거래 시 실제 명의로 하는 것
　　① 金融實銘齊　　② 金融實銘制
　　③ 金融實名齊　　④ 金融實名制

■ 다음 한자어의 독음이 바르지 않은 것은?

19. ① 陶工 : 도공　　② 埋藏 : 매장
　　③ 僻地 : 피지　　④ 信賴 : 신뢰

20. ① 樓閣 : 누각　　② 遊戲 : 유희
　　③ 近隣 : 근린　　④ 傲慢 : 방만

21. ① 朱錫 : 주석　　② 閃影 : 번영
　　③ 出捐 : 출연　　④ 欠缺 : 흠결

22. ① 敗北 : 패북　　② 稀釋 : 희석
　　③ 輿論 : 여론　　④ 飽食 : 포식

■ 다음 문장 중 ( ) 안에 들어갈 한자어로 알맞은 것은?

23. 그는 작년부터 해외지사로 (　　)근무를 하게 되었다.
　　① 奮發　　② 派遣　　③ 鑛物　　④ 症勢

24. 사건 자체보다도 사건의 (　　) 이야기가 더 재미있다.
　　① 裏面　　② 脈絡　　③ 行廊　　④ 招聘

25. 선생님은 (　　) 피우는 아이를 혼냈다.
　　① 應募　　② 變貌　　③ 伸長　　④ 騷亂

26. 부실 공사는 (　) 행정과 부정부패가 빚어낸 결과이다.

　① 等級　　② 友邦　　③ 拙速　　④ 貯藏

27. 각자의 (　)에 따라 음식을 주문하시기 바랍니다.

　① 却下　　② 螢光　　③ 模型　　④ 趣向

28. 그는 문제의 (　)을 파악하지 못하고 있었다.

　① 核心　　② 譯書　　③ 賃金　　④ 諮問

■ 다음 한자어의 뜻풀이가 옳은 것은?

29. ① 憾情 : 마음에 차지 아니하여 섭섭함

　② 稻作 : 벼를 심고 가꾸어 거두는 일

　③ 謀陷 : 어떤 일을 꾀하고 의논함

　④ 軟弱 : 그 일에 상관하지 아니함

30. ① 調劑 : 여러 가지 약재를 조합하여 약을 만듦

　② 偶像 : 자기 권한 밖의 일에 관여함

　③ 銃器 : 총을 쏘아 공격함

　④ 典型 : 성과 외성을 통틀어 이르는 말

주관식 (주1~주70번)

■ 다음 한자의 훈음을 쓰시오.

주1. 棟 (　　　　)　　　주2. 叛 (　　　　)

주3. 垈 (　　　　)　　　주4. 縫 (　　　　)

주5. 槿 (　　　　)　　　주6. 矛 (　　　　)

주7. 繫 (　　　　)　　　주8. 漠 (　　　　)

주9. 掛 (　　　　)　　　주10. 娩 (　　　　)

주11. 蓋 (　　　　)　　　주12. 升 (　　　　)

주13. 虜 (　　　　)　　　주14. 執 (　　　　)

■ 다음 훈음에 맞는 한자를 쓰시오.

주15. 맏 백 (　　　)　　　주16. 조 속 (　　　)

주17. 목욕할 목 (　　)　　　주18. 싹 아 (　　　)

주19. 밝을 소 (　　　)　　　주20. 읊을 영 (　　　)

■ 다음 한자어의 독음을 쓰시오.

주21. 洪範 (　　　)　　　주22. 桃花 (　　　)

주23. 荒凉 (　　　)　　　주24. 脣音 (　　　)

주25. 琢磨 (　　　)　　　주26. 雷聲 (　　　)

주27. 規程 (　　　)　　　주28. 措置 (　　　)

주29. 洛陽 (　　　)　　　주30. 禽獸 (　　　)

주31. 經穴 (　　　)　　　주32. 海峽 (　　　)

주33. 佐郎 (　　　)　　　주34. 胎敎 (　　　)

주35. 廢刊 (　　　)

■ 다음 □ 안에 공통으로 들어갈 한자를 〈보기〉에서 찾아 쓰시오.

보기	擊　　惑　　弄　　越　　殃　　諜

주36. □權 , 超□　　　(　　　)

주37. 間□ , □報　　　(　　　)

주38. □退 , 攻□　　　(　　　)

주39. 戱□ , □談　　　(　　　)

■ 다음 〈보기〉의 주어진 뜻으로 보아 □ 안에 공통으로 들어갈 한자를 쓰시오.

주40. ①□驗　②□魂　　　(　　　)

보기	① 사람의 기원대로 되는 신기한 경험 ② 죽은 사람의 넋

주41. ①□引　②□制　　　(　　　)

보기	① 끌어서 당김 ② 일정한 작용을 가함으로써 상대편이 지나치게 세력을 펴거나 자유롭게 행동하지 못하게 억누름

주42. ① 選□　② 奇□　　　(　　　)

보기	① 많은 가운데서 골라 뽑음 ② 유달리 재치있고 뛰어남

주43. ① 幼□　②□氣　　　(　　　)

보기	① 나이가 어림, 생각이나 행동이 어림 ② 어리고 유치한 기분이나 감정

■ 다음 문장 중 ( ) 안의 단어를 한자로 쓰시오.

주44. 우리는 이제까지 현실성이 없는 (환상) 속에서 살아왔다.
(   )

주45. (일몰) 무렵의 어촌 풍경은 한 폭의 그림이었다.
(   )

주46. 피로 회복에는 (충분)한 휴식이 최고다. (   )

주47. 갱목이 부러지면 (갱도)가 무너질 가능성이 높다.

주48. 봉사자들은 매주 (월요일)마다 전화 상담을 하고 있다.

주49. 축제 공연이 열린 대학 운동장에 청중들이 가득 (운집)해
있었다. (   )

주50. 그의 취미는 (난초) 재배이다. (   )

■ 다음 문장 중 한자어의 독음을 쓰시오.

주51. 달빛 아래서 부끄러운 듯 서 있는 그녀의 모습은 **哀憐**해
보였다. (   )

주52. 아내는 매일 또박또박 **帳簿**를 기입하고 있었다.
(   )

주53. 약정금을 은행에 **預置**하기로 했다. (   )

주54. 그의 간절한 **祈禱**가 하늘을 감동시켰나 보다. (   )

주55. 양곡은 부두에 **荷役**되자마자 곧장 곡물 도매상의 창고
속으로 운반되었다. (   )

주56. 의사는 **胃癌**이 아니라 위궤양이라고 진단을 내렸다.
(   )

주57. 국제우주과학위원회는 국제학술연합회의의 **傘下**기구
이다. (   )

주58. 상대방의 의견은 무시하고 자신의 주장만 내세우면
모임이 **分裂**되기 쉽다. (   )

주59. 우리 부부는 제일 친한 친구를 **仲媒**했다. (   )

주60. 경찰은 사회의 **安寧**과 질서를 유지하기 위해 노력한다.
(   )

주61. 구치소에 **拘禁**되었던 학생들은 다음 날로 모두 풀려
났다. (   )

주62. 정부는 복지 분야에 많은 예산을 **割愛**하기로 하였다.
(   )

■ 다음 문장 중 한자어의 잘못 쓰인 부분을 바르게 고쳐
쓰시오.

주63. 적군의 움직임이 아군의 감시망에 낱낱이 **浦捉**되었다.
(→   )

주64. 우리는 주변의 **蘇外**된 이웃에게 보다 더 관심을 가져야
한다. (→   )

주65. 자신을 지나치게 **肥下**하는 것은 스스로를 위해서도
좋은 일이 아니다. (→   )

■ 다음 〈보기〉의 한자성어에 대한 설명을 읽고 □ 안에
들어갈 한자를 쓰시오.

주66. □□**難鳴**　　　　(,   )

> **보기** 혼자의 힘만으로 어떤 일을 이루기 어려움, 맞서는
> 사람이 없으면 싸움이 일어나지 아니함

주67. **氷**□**玉**□　　　　(,   )

> **보기** '얼음 같이 맑고 고운 모습과 옥 같은 자질'이라는
> 뜻으로, 매화를 상징하는 말

주68. **羊**□□**肉**　　　　(,   )

> **보기** '양의 머리를 내걸고 개고기를 판다'는 뜻으로,
> 겉모양은 훌륭하지만 속은 형편없음

주69. □□**絶倒**　　　　(,   )

> **보기** '배를 안고 기절하여 넘어진다'는 뜻으로, 배를 움켜
> 쥐고 엎어질 정도로 우스움

주70. **虛張**□□　　　　(,   )

> **보기** 실력이 없으면서 허풍스런 언행으로 과장함, 허세를
> 부림

5회 한자자격시험 2급 예상문제

객관식 (1~30번)

■ 다음 [ ] 안의 한자와 음이 같은 한자는?

1. [曜] ① 郵　② 獄　③ 耶　④ 妖
2. [傲] ① 汚　② 廉　③ 棟　④ 越
3. [蔘] ① 得　② 森　③ 巡　④ 曆
4. [岳] ① 易　② 庸　③ 握　④ 刺
5. [添] ① 笑　② 尖　③ 僑　④ 琢

■ 다음 [ ] 안의 한자와 뜻이 비슷한 한자는?

6. [誤] ① 擔　② 謬　③ 寫　④ 誕
7. [寵] ① 芽　② 膠　③ 痛　④ 愛

■ 다음 [ ] 안의 한자와 뜻이 반대(상대)인 한자는?

8. [矛] ① 盾　② 胎　③ 役　④ 殆
9. [哀] ① 歡　② 殃　③ 略　④ 苑

■ 다음 〈보기〉의 내용들과 가장 관련이 깊은 한자는?

10. 보기 ｜ 철　　금　　구리
　　① 尼　② 陶　③ 粟　④ 鑛

11. 보기 ｜ 겨울　　불씨　　숯
　　① 獵　② 壹　③ 爐　④ 脅

12. 보기 ｜ 물고기　　바늘　　강태공
　　① 摘　② 釣　③ 刻　④ 劣

■ 다음 설명과 같은 뜻을 지닌 한자어는?

13. 공무를 띠고 한국에 주재함
　　① 小盤　② 駐韓　③ 醉氣　④ 同僚

14. 일이 되어 가는 과정이나 형편
　　① 丹楓　② 狀況　③ 僻村　④ 縮小

15. 겸손한 태도로 남에게 양보하거나 사양함
　　① 謙讓　② 勤務　③ 塗藥　④ 蘭草

16. 조선시대 백성에게 봄에 꾸어주고 가을에 이자를 붙여 받아들이던 관청의 곡식
　　① 煥穀　② 換穀　③ 環穀　④ 還穀

17. 보통선거에 있어서 선거벽보의 작성 배부, 선거공보의 발행 및 그 발송, 연설회의 개최 및 그 연설장의 무료 대여 등을 실시하는 것 등을 말한다. 선거운동을 국가나 지방자치단체가 관리하여 선거운동에 있어서 기회 균등을 보장하고 선거비용의 일부 또는 전부를 국가가 부담함으로써 선거의 공정성을 기함과 동시에 자력(資力)이 없는 유능한 후보자의 당선을 보장하려는 제도
　　① 宣擧公營制　　② 選擧公營制
　　③ 宣擧公榮制　　④ 選擧公榮制

18. 일하는 사람들이 각자의 능력을 최대로 발휘하여 좋은 성과를 거두도록 관리하는 일
　　① 人事寬吏　　② 人事寬吏
　　③ 人事管理　　④ 人事寬理

■ 다음 한자어의 독음이 바르지 않은 것은?

19. ① 反騰 : 반등　　② 原理 : 원리
　　③ 落札 : 낙찰　　④ 雇傭 : 도용

20. ① 瓜期 : 과기　　② 斬新 : 참신
　　③ 沈潛 : 심잠　　④ 肅拜 : 숙배

21. ① 荒唐 : 황당　　② 雪糖 : 설탕
　　③ 宮苑 : 궁원　　④ 府尹 : 부의

22. ① 晩餐 : 만찬　　② 鼻腔 : 비공
　　③ 約款 : 약관　　④ 窒息 : 질식

■ 다음 문장 중 (　) 안에 들어갈 한자어로 알맞은 것은?

23. 심혈을 기울여 보석을 (　)하게 가공하였다.
　　① 精巧　② 緩行　③ 臭素　④ 診察

24. 야당은 강력한 항의 (　)을 검찰에 보냈다.
　　① 交流　② 撤收　③ 書翰　④ 鐵絲

25. 자동차를 구입한 후에 (　) 관청에 등록했다.

　　① 演出　　② 古墳　　③ 測定　　④ 該當

26. 오늘은 국경일이어서 건물마다 국기가 (　)되어 있다.

　　① 隔差　　② 揭揚　　③ 餘裕　　④ 慨歎

27. 관광객이 증가하자 강물이 오염되어 (　)하다.

　　① 端緒　　② 濫用　　③ 混濁　　④ 行廊

28. 우리가 쏘아 올린 인공위성이 (　)에 들어섰다.

　　① 軌道　　② 舞踊　　③ 倭賊　　④ 脚韻

■ 다음 한자어의 뜻풀이가 옳지 않은 것은?

29. ① 簡單 : 까다롭고 복잡하게 함

　　② 頃年 : 요 몇 해 사이

　　③ 祝禱 : 축복 기도

　　④ 哀悼 : 애처롭고 가엾게 여김

30. ① 紡絲 : 실로 묶어 맴

　　② 相憐 : 서로 가엾게 여겨 동정함

　　③ 把握 : 어떤 대상의 내용이나 본질을 확실하게 이해하여 앎

　　④ 摘要 : 요점을 뽑아 적음

주관식 (주1~주70번)

■ 다음 한자의 훈음을 쓰시오.

주1. 鬱 (　　)　　　주2. 趣 (　　)

주3. 晶 (　　)　　　주4. 斥 (　　)

주5. 爛 (　　)　　　주6. 滴 (　　)

주7. 抽 (　　)　　　주8. 駐 (　　)

주9. 虐 (　　)　　　주10. 兮 (　　)

주11. 翼 (　　)　　　주12. 零 (　　)

주13. 衡 (　　)　　　주14. 衰 (　　)

■ 다음 훈음에 맞는 한자를 쓰시오.

주15. 울 곡　(　　)　　　주16. 하소연할 소 (　　)

주17. 조 속　(　　)　　　주18. 윤달 윤 (　　)

주19. 상자 상　(　　)　　　주20. 그림자 영 (　　)

■ 다음 한자어의 독음을 쓰시오.

주21. 鑑定 (　　)　　　주22. 休憩 (　　)

주23. 遞信 (　　)　　　주24. 放恣 (　　)

주25. 伯爵 (　　)　　　주26. 硯滴 (　　)

주27. 押送 (　　)　　　주28. 振動 (　　)

주29. 終焉 (　　)　　　주30. 寢臺 (　　)

주31. 荷物 (　　)　　　주32. 滿醉 (　　)

주33. 粒子 (　　)　　　주34. 竝列 (　　)

주35. 絹織物 (　　)

■ 다음 □ 안에 공통으로 들어갈 한자를 〈보기〉에서 찾아 쓰시오.

보기	蠶　碩　衷　賦　療　潤

주36. 養□, □室　　　　(　　)

주37. 折□, □心　　　　(　　)

주38. 利□, □氣　　　　(　　)

주39. □課, □與　　　　(　　)

■ 다음 〈보기〉의 주어진 뜻으로 보아 □ 안에 공통으로 들어갈 한자를 쓰시오.

주40. ① 首□　②□定　　(　　)

보기	① 옳다고 인정함 ② 그러하다고 생각하여 옳다고 인정함

주41. ① 勇□　②□獸　　(　　)

보기	① 용감하고 사나움 ② 주로 육식을 하는 사자나 범 따위의 사나운 짐승

주42. ① 飜□　②□書　　(　　)

보기	① 어떤 언어로 된 글을 다른 언어의 글로 옮김 ② 번역한 책이나 글

주43. ① □法　②□守　　(　　)

보기	① 법률이나 규칙을 좇아 지킴 ② 전례나 규칙, 명령 따위를 그대로 좇아서 지킴

■ 다음 문장 중 ( ) 안의 단어를 한자로 쓰시오.

주44. 우리 할머니는 돼지꿈을 (길몽)이라고 생각하신다.
( )

주45. 저들의 극악무도한 (만행)에 대해 더는 못 참겠다.
( )

주46. 늦잠을 자는 바람에 (세수)도 못하고 출근했다. ( )

주47. 나는 커서 (치과)의사가 되어 할아버지의 이를 치료해 드릴 것이다. ( )

주48. 실수가 없도록 매사에 (신중)하여야 한다. ( )

주49. 부패한 관리를 (축출)하고 청렴한 관리를 임명했다.
( )

주50. 소문이 온 고을에 (파다)하게 퍼져 나갔다. ( )

■ 다음 문장 중 한자어의 독음을 쓰시오.

주51. 세종대왕 誕辰을 기념하는 행사들이 전국 곳곳에서 열렸다. ( )

주52. 동물 또는 식물에서 채취한 기름을 통틀어 油脂라고 한다. ( )

주53. 參禪을 하면, 마음이 평화로워진다. ( )

주54. 그녀는 피아노 鍵盤을 누르며 노래를 불렀다. ( )

주55. 그의 동시는 구절구절이 다 珠玉 같이 아름답다.
( )

주56. 올림픽에서 우승한 선수를 환영하기 위해 懸垂幕을 걸었다. ( )

주57. 우리 팀 선수들이 부상이 많아 시합을 棄權하였다.
( )

주58. 철도와 교량의 破壞로 물자의 수송이 어려워졌다.
( )

주59. 싸워보지도 않고 항복한 것은 우리 민족의 羞恥다.
( )

주60. 약사가 알약을 곱게 빻아 微細한 분말을 만들었다.
( )

주61. 무분별한 개발로 동물들의 서식지가 毁損되고 있다.
( )

주62. 우리 팀은 이번 蹴球 시합에서 완승했다. ( )

■ 다음 문장 중 한자어의 잘못 쓰인 부분을 바르게 고쳐 쓰시오.

주63. 그 시인은 자신의 시를 운율에 맞추어 浪誦하였다.
(→)

주64. 나는 약속장소에 가는 陶中에 친구를 만났다.
(→)

주65. 그의 갑작스러운 질문에 우리는 舜間적으로 당황했다.
(→)

■ 다음 〈보기〉의 한자성어에 대한 설명을 읽고 □ 안에 들어갈 한자를 쓰시오.

주66. 生 者□□ (,)

보기 '생겨난 것은 반드시 죽어 없어지기 마련'이라는 뜻

주67. □□無耶 (,)

보기 있는 듯 없는 듯 흐지부지함

주68. □□腐心 (,)

보기 '몹시 분하여 이를 갈고 속을 썩인다'는 뜻으로, 원통하고 분한 정도가 심함을 비유하는 말

주69. 適 材□□ (,)

보기 '적당한 인재를 적당한 자리에 둔다'는 뜻으로, 알맞은 재주꾼을 적당한 자리에 씀

주70. 天 □之□ (,)

보기 '하늘과 땅의 엄청난 차이'라는 뜻으로, 차이가 많이 난다는 것을 의미하는 말

객관식 (1~30번)

■ 다음 [ ] 안의 한자와 음이 같은 한자는?

1. [酷] ① 杖　② 惑　③ 肢　④ 鐸
2. [陷] ① 含　② 吟　③ 今　④ 琴
3. [蹴] ① 遂　② 逐　③ 隊　④ 趨
4. [斬] ① 析　② 漸　③ 暫　④ 慙
5. [禹] ① 鎔　② 押　③ 偶　④ 畏

■ 다음 [ ] 안의 한자와 뜻이 비슷한 한자는?

6. [碍] ① 幕　② 模　③ 暮　④ 障
7. [搬] ① 禍　② 滑　③ 運　④ 惜

■ 다음 [ ] 안의 한자와 뜻이 반대(상대)인 한자는?

8. [擴] ① 縮　② 召　③ 宣　④ 閨
9. [經] ① 獲　② 概　③ 棄　④ 緯

■ 다음 〈보기〉의 내용들과 가장 관련이 깊은 한자는?

10. **보기**　장롱　시집　나무
    ① 誘　② 壹　③ 桐　④ 軟

11. **보기**　진도　삽살　치와와
    ① 鷗　② 狗　③ 炅　④ 懼

12. **보기**　통증　병원　의사
    ① 尖　② 療　③ 遮　④ 晨

■ 다음 설명과 같은 뜻을 지닌 한자어는?

13. 세세한 부분까지 정밀하게 잘 되어 있음
    ① 精巧　② 墮落　③ 尖端　④ 交替

14. 세상에 알려지지 않은 자기만의 뛰어난 방법
    ① 調劑　② 秘訣　③ 週日　④ 痛哭

15. 간과 쓸개, 속마음
    ① 護身　② 汗蒸　③ 薦擧　④ 肝膽

16. 집에 회사와 통신회선으로 연결된 정보통신기기를 설치하여 놓고 집에서 회사의 업무를 보는 일
    ① 財宅謹務　② 在宅謹務
    ③ 財宅勤務　④ 在宅勤務

17. 조선 고종 8년(1871년)에 흥선대원군이 척양(斥洋)을 결의하며 서울과 지방 각처에 세운 비석, '침범하는 양이와 화친할 수 없다'는 뜻을 새겨 넣었음
    ① 奎章閣　② 斥和碑
    ③ 作統法　④ 成均館

18. 해외여행자가 외국에서 현금 대신 쓸 수 있는 수표, 국내 은행에 미리 돈을 맡기고 외국에 가서 찾아 쓸 수 있음
    ① 興行者手表　② 旅行者手表
    ③ 興行者手票　④ 旅行者手票

■ 다음 한자어의 독음이 바르지 않은 것은?

19. ① 陵蔑 : 능멸　② 茫然 : 망연
    ③ 王妃 : 왕비　④ 諒察 : 양해

20. ① 桂冠 : 규관　② 攻襲 : 공습
    ③ 幹部 : 간부　④ 菊花 : 국화

21. ① 倭賊 : 외적　② 福祉 : 복지
    ③ 缺乏 : 결핍　④ 昊天 : 호천

22. ① 罔測 : 망측　② 龜裂 : 귀열
    ③ 酸化 : 산화　④ 緩和 : 완화

■ 다음 문장 중 (　) 안에 들어갈 한자어로 알맞은 것은?

23. 그는 (　　)을 받들어 잠행을 나온 암행어사였다.
    ① 硯滴　② 御命　③ 炭鑛　④ 釣魚

24. 그는 몸이 (　　)해져서 외출도 삼가야 했다.
    ① 搬入　② 衰弱　③ 均衡　④ 討議

25. 온실의 환기 장치와 (　　) 조절 장치를 반자동화하였다.
    ① 濕度　② 寒冷　③ 付託　④ 歪曲

26. 국회에서 예산안을 (　　)하다.
　　① 行政　　② 墮淚　　③ 飮食　　④ 審議

27. 그것은 정당한 요구이므로 즉시 (　　)하여야 한다.
　　① 比丘　　② 哭聲　　③ 受諾　　④ 虛氣

28. 교섭은 (　　) 거듭되고 따라서 시일은 지연되었다.
　　① 肝膽　　② 屢次　　③ 狡猾　　④ 求乞

■ 다음 한자어의 뜻풀이가 옳지 않은 것은?

29. ① 戱弄 : 어떤 모임이나 행사를 함
　　② 停滯 : 사물이 발전하거나 나아가지 못하고 한 자리에
　　　　　　　머물러 그침
　　③ 染色 : 염료를 사용하여 실이나 천 등을 물들임
　　④ 廟堂 : 조선시대에 둔, 행정부의 최고 기관인 '의정부'
　　　　　　　를 달리 이르던 말

30. ① 蓋然 : 확실하지 못하나 그럴 것 같이 추측됨
　　② 慧眼 : 사물을 꿰뚫어 보는 안목과 식견
　　③ 步幅 : 걸음을 걸을 때 앞발 뒤축에서 뒷발 뒤축까지의
　　　　　　　거리
　　④ 變遷 : 도읍을 옮김

주관식 (주1～주70번)

■ 다음 한자의 훈음을 쓰시오.

주1. 尹 (　　　　)　　　주2. 潛 (　　　　　)
주3. 磁 (　　　　)　　　주4. 娠 (　　　　　)
주5. 顯 (　　　　)　　　주6. 輝 (　　　　　)
주7. 胡 (　　　　)　　　주8. 還 (　　　　　)
주9. 貪 (　　　　)　　　주10. 憶 (　　　　　)
주11. 抽 (　　　　)　　　주12. 靴 (　　　　　)
주13. 漆 (　　　　)　　　주14. 軒 (　　　　　)

■ 다음 훈음에 맞는 한자를 쓰시오.

주15. 큰산 악 (　　　)　　주16. 암 암 (　　　　)
주17. 마를 조 (　　　)　　주18. 잡을 착 (　　　　)

주19. 단풍나무 풍 (　　　)　　주20. 태풍 태 (　　　　)

■ 다음 한자어의 독음을 쓰시오.

주21. 堯舜 (　　　)　　　주22. 燭臺 (　　　　)
주23. 楊柳 (　　　)　　　주24. 煩雜 (　　　　)
주25. 遵法 (　　　)　　　주26. 派閥 (　　　　)
주27. 汎濫 (　　　)　　　주28. 壞滅 (　　　　)
주29. 泥土 (　　　)　　　주30. 坐禪 (　　　　)
주31. 踏步 (　　　)　　　주32. 凝結 (　　　　)
주33. 懇求 (　　　)　　　주34. 購讀 (　　　　)
주35. 制御 (　　　)

■ 다음 □ 안에 공통으로 들어갈 한자를 〈보기〉에서 찾
　아 쓰시오.

보기	眉　　哨　　廳　　爵　　艦　　隱

주36. □間 , 白□　　　　　(　　　　)
주37. 侯□ , □位　　　　　(　　　　)
주38. □匿 , □逸　　　　　(　　　　)
주39. 戰□ , □艇　　　　　(　　　　)

■ 다음 〈보기〉의 주어진 뜻으로 보아 □ 안에 공통으로
　들어갈 한자를 쓰시오.

주40. ① □胞　② □民　　　(　　　　)
　보기　① 다른 나라에 살고 있는 동포
　　　　② 외국에 나가 살고 있는 자기 나라의 사람

주41. ① 窮□　② □地　　　(　　　　)
　보기　① 구석지고 으슥함
　　　　② 외따로 뚝 떨어져 있는 궁벽한 땅

주42. ① 謙□　② 恭□　　　(　　　　)
　보기　① 남을 존중하고 자기를 내세우지 않는 태도가 있음
　　　　② 예의 바르고 겸손함

주43. ① 監□　② 地□　　　(　　　　)
　보기　① 죄인을 가두어 두는 곳
　　　　② 큰 죄를 짓고 죽은 사람들이 구원을 받지 못하고
　　　　　 끝없이 벌을 받는다는 곳

■ 다음 문장 중 (   ) 안의 단어를 한자로 쓰시오.

주44. 무분별한 도벌로 (삼림)이 훼손되었다. (   )

주45. 오래 전부터 (인삼) 무역은 우리나라 재정에서 큰 몫을 담당했다. (   )

주46. 선생님께 (칭찬)을 들어 기분이 좋았다. (   )

주47. 경찰은 주민의 (신고)를 받고 긴급 출동하였다. (   )

주48. 계획안은 기술 개발을 (주요) 골자로 하고 있다. (   )

주49. 우리 선생님은 민주적이고 (관대)한 분이시다. (   )

주50. 그녀는 양반가의 (규수)로 자라나 세상물정을 잘 모르는 것 같았다. (   )

■ 다음 문장 중 한자어의 독음을 쓰시오.

주51. 우연한 기회로 오랜 친구와 連絡이 닿았다. (   )

주52. 淸廉한 관리가 타의 모범이 된다. (   )

주53. 소음으로 피해를 본 주민들이 손해 賠償을 청구했다. (   )

주54. 부정하게 모은 재산을 모두 沒收하였다. (   )

주55. 지나친 奢侈 풍조가 사회 문제로 대두되고 있다. (   )

주56. 경기가 끝난 후 북받쳐 오르는 興奮을 억누를 수가 없었다. (   )

주57. 회의에서 爛商 토론 결과 안건을 통과시켰다. (   )

주58. 토론과 설득은 민주 정치를 俱現하는 방법이다. (   )

주59. 전국을 순연한 그 劇團의 공연이 성황리에 마쳤다. (   )

주60. 그 소대는 참호 및 장애물 구축이 끝날 때까지 駐屯하고 있었다. (   )

주61. 오랜만에 만난 친구와 반갑게 握手했다. (   )

주62. 폐수를 함부로 하천에 배출한 업체가 摘發되었다. (   )

■ 다음 문장 중 한자어의 잘못 쓰인 부분을 바르게 고쳐 쓰시오.

주63. 낡은 체제는 붕괴되고 새로운 체제가 炭生되었다. (→   )

주64. 이 노래가 요즘 港間에서 유행하는 것이다. (→   )

주65. 가을철은 비가 적어야 농작물의 결실과 收穫에 유리하다. (→   )

■ 다음 〈보기〉의 한자성어에 대한 설명을 읽고 □ 안에 들어갈 한자를 쓰시오.

주66. □海 一□   (,   )

보기 '넓은 바다에 좁쌀 한 알'이란 뜻으로 아주 큰 것 중에 아주 작은 것으로 미미하고 하찮은 것을 의미함

주67. □馬 □鞭   (,   )

보기 '달리는 말에 채찍질을 더한다'는 뜻으로, 잘하는 사람을 더 잘하도록 격려함을 이름

주68. 換骨 □□   (,   )

보기 '뼈를 바꾸고 탈을 벗는다'는 뜻으로, 원래는 문장의 고사인 용의 뜻으로 쓰였으나 보통은 '이전과 전혀 달라짐'의 뜻을 지님

주69. □立 無□   (,   )

보기 '고립되어 도움을 받을 데가 없다'는 뜻

주70. 口 □□ 劍   (,   )

보기 '입에는 꿀이 있지만 뱃속에는 칼이 있다'는 뜻으로, 겉으로는 친한 척하나 속으로는 해칠 생각을 가지고 있음

7회 한자자격시험 2급 예상문제

객관식 (1~30번)

■ 다음 [ ] 안의 한자와 음이 같은 한자는?

1. [衝] ① 幅 ② 敢 ③ 衷 ④ 徑
2. [鴻] ① 洪 ② 滑 ③ 協 ④ 蹴
3. [螢] ① 楓 ② 弦 ③ 兔 ④ 螢
4. [戲] ① 禾 ② 症 ③ 粒 ④ 噫
5. [振] ① 震 ② 晨 ③ 巡 ④ 濃

■ 다음 [ ] 안의 한자와 뜻이 비슷한 한자는?

6. [篤] ① 夷 ② 貳 ③ 芽 ④ 敦
7. [謂] ① 云 ② 隱 ③ 豚 ④ 鞍

■ 다음 [ ] 안의 한자와 뜻이 반대(상대)인 한자는?

8. [奪] ① 予 ② 鐸 ③ 說 ④ 桂
9. [禍] ① 殃 ② 福 ③ 憫 ④ 孫

■ 다음 〈보기〉의 내용들과 가장 관련이 깊은 한자는?

10. 보기 | 연극　　영화　　가수
　　① 殉 ② 俳 ③ 却 ④ 總

11. 보기 | 나른함　　식곤증　　피로감
　　① 搖 ② 巡 ③ 睡 ④ 巢

12. 보기 | 촉　　활　　과녁
　　① 矢 ② 洙 ③ 射 ④ 疵

■ 다음 설명과 같은 뜻을 지닌 한자어는?

13. 서로 맞부딪치거나 맞섬
　　① 巧妙 ② 固執 ③ 失格 ④ 衝突

14. 공인된 정당에서 선거에 출마할 당원을 공식적으로 추천하는 일
　　① 同僚 ② 託送 ③ 公薦 ④ 逸話

15. 누에를 기름
　　① 養蠶 ② 蠶室 ③ 潛水 ④ 傲慢

16. 조선시대에, 임금의 명령을 받들어 중죄인을 신문하는 일을 맡아 하던 사법기관
　　① 義禁府 ② 北伐論
　　③ 討議法 ④ 自治制

17. 한 나라 산업의 기초가 되는 산업, 주로 중요 생산재를 생산하는 산업을 이르는데, 전력·철강·가스·석유 산업 따위가 있음
　　① 基幹産業 ② 其幹産業
　　③ 基懇産業 ④ 其懇産業

18. 다른 나라로부터 사들인 물자를 그대로 제삼국으로 수출하는 형식의 무역
　　① 仲繼貿易 ② 中繼貿易
　　③ 仲階貿易 ④ 中階貿易

■ 다음 한자어의 독음이 바르지 않은 것은?

19. ① 編輯 : 편집 ② 徵兵 : 징병
　　③ 強壓 : 강압 ④ 偏重 : 치중

20. ① 刺客 : 치객 ② 老翁 : 노옹
　　③ 敦篤 : 돈독 ④ 治粧 : 치장

21. ① 辭讓 : 사양 ② 赴任 : 부양
　　③ 依賴 : 의뢰 ④ 疑懼 : 의구

22. ① 移徙 : 이사 ② 剖檢 : 부검
　　③ 顚覆 : 전부 ④ 斡旋 : 알선

■ 다음 문장 중 ( ) 안에 들어갈 한자어로 알맞은 것은?

23. 지하에는 많은 ( )이 매장되어 있다.
　　① 奮發 ② 派遣 ③ 鑛物 ④ 症勢

24. 이번 장마로 축대가 ( )하다.
　　① 危殆 ② 汚染 ③ 地獄 ④ 締約

25. 그분의 인품이야 ( ) 줄에 오르고도 남을 만했다.
　　① 災祥 ② 宰相 ③ 災傷 ④ 在喪

26. 계속되는 거짓과 (　　)이 서로 간에 불신만 더했다.

　　① 弗素　　② 帳簿　　③ 逮捕　　④ 僞善

27. 유럽을 순방 중인 대통령은 (　　) 기자 간담회를 가졌다.

　　① 遮陽　　② 隨行　　③ 稱讚　　④ 懲役

28. 민주주의 사회는 시민들에게 선거권을 (　　)한다.

　　① 賦與　　② 不肖　　③ 任命　　④ 郵遞

■ 다음 한자어의 뜻풀이가 옳지 않은 것은?

29. ① 醜聞 : 추잡하고 좋지 못한 소문

　　② 駐在 : 지구상의 대륙에 머물러 있다 감

　　③ 昭光 : 밝게 반짝이는 빛

　　④ 漁網 : 물고기를 잡는 데 쓰는 그물

30. ① 徑間 : 다리, 건물, 전주 따위의 기둥과 기둥 사이

　　② 追悼 : 죽은 사람을 생각하며 슬퍼함

　　③ 剛柔 : 약하고 부드러움

　　④ 廢寺 : 버려져 중이 없는 절

주관식 (주1~주70번)

■ 다음 한자의 훈음을 쓰시오.

주1. 筋 (　　　　)　　　주2. 跳 (　　　　)

주3. 肯 (　　　　)　　　주4. 丘 (　　　　)

주5. 侍 (　　　　)　　　주6. 鑑 (　　　　)

주7. 魔 (　　　　)　　　주8. 郭 (　　　　)

주9. 脈 (　　　　)　　　주10. 郊 (　　　　)

주11. 排 (　　　　)　　　주12. 遣 (　　　　)

주13. 陶 (　　　　)　　　주14. 盾 (　　　　)

■ 다음 훈음에 맞는 한자를 쓰시오.

주15. 세낼 세 (　　　)　　　주16. 오동나무 오 (　　　)

주17. 두려울 외 (　　　)　　　주18. 병 질 (　　　)

주19. 어금니 아 (　　　)　　　주20. 가물 한 (　　　)

■ 다음 한자어의 독음을 쓰시오.

주21. 硯墨 (　　　)　　　주22. 浩氣 (　　　)

주23. 秘苑 (　　　)　　　주24. 脅迫 (　　　)

주25. 瑕疵 (　　　)　　　주26. 墓碑 (　　　)

주27. 綱領 (　　　)　　　주28. 軒號 (　　　)

주29. 隨筆 (　　　)　　　주30. 惹端 (　　　)

주31. 嚴肅 (　　　)　　　주32. 琢磨 (　　　)

주33. 合奏 (　　　)　　　주34. 同寢 (　　　)

주35. 寄託 (　　　)

■ 다음 □ 안에 공통으로 들어갈 한자를 〈보기〉에서 찾아 쓰시오.

보기	屬　臺　熙　誘　赦　胎

주36. 歸□, 從□　　　(　　　)

주37. 勸□, □惑　　　(　　　)

주38. □免, □罪　　　(　　　)

주39. 燈□, 築□　　　(　　　)

■ 다음 〈보기〉의 주어진 뜻으로 보아 □ 안에 공통으로 들어갈 한자를 쓰시오.

주40. ① □舍　② 官□　　　(　　　)

보기	① 관청의 사무실로 쓰는 건물 ② 국가의 사무를 집행하는 국가기관

주41. ① □眉　② □燥　　　(　　　)

보기	① 매우 급함 ② 애가 타서 마음이 조마조마함

주42. ① 怪□　② 野□　　　(　　　)

보기	① 괴상하게 생긴 짐승 ② 길이 들지 않은 야생의 사나운 짐승, 몹시 거칠고 사나운 사람

주43. ① □語　② □月　　　(　　　)

보기	① 남녀 사이의 달콤하고 정다운 이야기 ② '꿀 같이 달콤한 달'이라는 뜻으로, 결혼 직후의 즐겁고 달콤한 시기나 친밀한 관계를 이르는 말

■ 다음 문장 중 ( ) 안의 단어를 한자로 쓰시오.

주44. (동상)으로 이미 꽁꽁 얼어 버린 발목은 더 이상 아무런 감각이 없었다. (　　)

주45. 제왕은 신하들의 (간언)을 받아들여야 한다. (　　)

주46. 댐의 중요한 기능 중 하나는 (홍수)조절의 기능이다. (　　)

주47. 그 정치인은 민주주의 제도의 공고화를 위해 (헌신)했다. (　　)

주48. 그는 숨겨진 (선행)으로 칭찬을 받았다. (　　)

주49. 그는 싸움에 있어 (후퇴)를 모르는 명장이었다. (　　)

주50. 이곳의 온천수는 (피부) 미용에 좋다. (　　)

■ 다음 문장 중 한자어의 독음을 쓰시오.

주51. 나는 가까운 친척이라곤 **姨母** 한 분이 계실 뿐이다. (　　)

주52. 외국어를 자유자재로 **驅使**하기란 쉽지 않다. (　　)

주53. 군사 작전에서는 군량미의 **備蓄**이 중요하다. (　　)

주54. 개는 후각이 발달하여 냄새에 **銳敏**하다. (　　)

주55. 이번 올림픽에서 그 선수가 200미터 **蝶泳** 부문 세계 신기록을 냈다. (　　)

주56. 전쟁 중에 많은 양민들이 **虐殺**을 당했다. (　　)

주57. 정성껏 빌면 **鬼神**도 감복하여 너희의 소원을 들어줄 것이다. (　　)

주58. 성숙기의 청소년은 영양분을 충분히 **攝取**해야 한다. (　　)

주59. 그 산은 **傾斜**가 급해서 오르기가 힘들다. (　　)

주60. 그의 결심은 **秋毫**도 흔들리지 않았다. (　　)

주61. 요즘 불법 복제에 대한 **訴訟**이 잇따라 제기되고 있다. (　　)

주62. 봄날 가운데서도 올해 봄날은 특히 **和暢**했다. (　　)

■ 다음 문장 중 한자어의 잘못 쓰인 부분을 바르게 고쳐 쓰시오.

주63. 지난 방학 동안 전국의 **名札**을 두루 돌아다녔다. (　→　)

주64. 풍랑을 만난 배는 정처 없이 바다를 **標流**하였다. (　→　)

주65. 잠결에도 출입문이 **鈍濯**하게 열리는 소리를 들었다. (　→　)

■ 다음 〈보기〉의 한자성어에 대한 설명을 읽고 □ 안에 들어갈 한자를 쓰시오.

주66. □**學 多**□　　(　,　)

보기 '학문이 넓고 아는 것이 많다'는 뜻

주67. □□**之 德**　　(　,　)

보기 '겸손하여 사양하는 덕성'이라는 뜻

주68. **口 蜜**□□　　(　,　)

보기 '입에는 꿀이 있지만 뱃속에는 칼이 있다'는 뜻으로, 겉으로는 친한 척하나 속으로는 해칠 생각을 가지고 있음

주69. □**亡 齒**□　　(　,　)

보기 '입술이 없으면 이가 시리다'는 뜻으로, 서로 이해관계가 밀접한 사이에 어느 한쪽이 망하면 다른 한쪽도 그 영향을 받아 온전하기 어려움을 이르는 말

주70. **群 雄**□□　　(　,　)

보기 '많은 영웅들이 땅을 나누어 차지한다'는 뜻

객관식 (1~30번)

■ 다음 [ ] 안의 한자와 음이 같은 한자는?

1. [哺] ①犧 ②扁 ③葡 ④乏
2. [怪] ①愧 ②廓 ③炅 ④悽
3. [矯] ①鑛 ②狡 ③蓋 ④癌
4. [搖] ①唐 ②舜 ③堯 ④禹
5. [臭] ①炊 ②弦 ③胡 ④巷

■ 다음 [ ] 안의 한자와 뜻이 비슷한 한자는?

6. [智] ①盾 ②慧 ③役 ④殆
7. [利] ①寺 ②殃 ③略 ④苑

■ 다음 [ ] 안의 한자와 뜻이 반대(상대)인 한자는?

8. [飢] ①胎 ②飽 ③寫 ④誕
9. [難] ①芽 ②膠 ③痛 ④易

■ 다음 〈보기〉의 내용들과 가장 관련이 깊은 한자는?

10. 보기　두통　　감기　　몸살
    ①墻 ②添 ③傾 ④疾

11. 보기　백발　　지팡이　　주름
    ①也 ②潤 ③翁 ④涯

12. 보기　태평양　　어패류　　해조류
    ①海 ②顯 ③獻 ④互

■ 다음 설명과 같은 뜻을 지닌 한자어는?

13. 뜻하지 아니하게 갑자기
    ①出血 ②侮辱 ③漆器 ④忽然

14. 공정하지 못하고 한쪽으로 치우친 생각
    ①偏見 ②懸賞 ③逃避 ④縮小

15. 서로 바꿈. 경제에서 어떤 재화나 용역을 다른 사람에게
    주고, 그 가격만큼 다른 재화나 용역 또는 화폐를 얻는 일
    ①西歐 ②交換 ③歸趨 ④厥者

16. 당사자 한쪽이 상대방에 대하여 노무에 임할 것을
    약속하고, 상대방이 이에 대해 보수를 지급하는 것을 말함
    ①主軸 ②苗木 ③墳墓 ④雇傭

17. 고려 충렬왕 11년(1285년)에 중 일연이 쓴 역사책으로
    단군·기자·대방·부여의 사적(事跡)과 신라·고구려·
    백제의 역사를 기록하고, 불교에 관한 기사·신화·
    전설·시가 따위를 풍부하게 수록하였음, 《삼국사기》와
    더불어 우리 나라에 현존하는 가장 오래된 역사책

    ①三國遺事 　　②東醫寶鑑
    ③三國史記 　　④常平通寶

18. 어떤 사항을 직접 규정한 법규가 없을 때 그와 비슷한
    사항을 규정한 법규를 적용하는 법의 해석 방법
    ①類推解釋 　　②維推解釋
    ③類趨解釋 　　④維趨解釋

■ 다음 한자어의 독음이 바르지 않은 것은?

19. ①奇蹟 : 하등 　②背叛 : 배반
    ③家畜 : 가축 　④根幹 : 근간

20. ①漂流 : 표류 　②酸化 : 사화
    ③豹變 : 표변 　④名譽 : 명예

21. ①徐行 : 서행 　②古墳 : 고분
    ③帳簿 : 장박 　④令孃 : 영양

22. ①眈美 : 찬미 　②哺乳 : 포유
    ③分泌 : 분비 　④偏狹 : 편협

■ 다음 문장 중 ( ) 안에 들어갈 한자어로 알맞은 것은?

23. 지나치게 발달한 기술 문명이 ( )을 불러올 수도 있다.
    ①玄米 ②審議 ③探索 ④災殃

24. 우리는 이웃집 사람들과 오랜 ( ) 끝에 화해를 했다.
    ①殘虐 ②翰林 ③葛藤 ④標記

25. 이 병은 허약한 사람들에게 발생 ( )가 높다.
    ①頻度 ②吟詠 ③名譽 ④符號

26. 그 언덕은 (　　)가 급해서 오르기가 힘들다.

　　① 赴任　　② 奴婢　　③ 傾斜　　④ 偶然

27. 무자비한 (　　)과 방화는 모두를 공포에 떨게 했다.

　　① 英顯　　② 掠奪　　③ 畜産　　④ 含蓄

28. 1970년대는 집집마다 대문 옆에 (　　)재가 쌓여 있었다.

　　① 振興　　② 煉炭　　③ 塵土　　④ 蒸散

■ 다음 한자어의 뜻풀이가 옳지 않은 것은?

29. ① 安寧 : 아무 탈 없이 편안함

　　② 弄談 : 실없이 놀리거나 장난으로 하는 말

　　③ 築臺 : 높이 쌓아 올린 탑

　　④ 哀悼 : 사람의 죽음을 슬퍼함

30. ① 解凍 : 녹은 것을 다시 얼림

　　② 選拔 : 많은 가운데서 골라 뽑음

　　③ 栽培 : 식물을 심어 가꿈

　　④ 豪傑 : 지혜와 용기가 뛰어나고 기개와 풍모가 있는 사람

주관식 (주1~주70번)

■ 다음 한자의 훈음을 쓰시오.

주1. 骨 (　　　　)　　주2. 桂 (　　　　)

주3. 竊 (　　　　)　　주4. 狂 (　　　　)

주5. 騷 (　　　　)　　주6. 賜 (　　　　)

주7. 升 (　　　　)　　주8. 騰 (　　　　)

주9. 婢 (　　　　)　　주10. 屬 (　　　　)

주11. 蛇 (　　　　)　　주12. 賓 (　　　　)

주13. 購 (　　　　)　　주14. 誦 (　　　　)

■ 다음 훈음에 맞는 한자를 쓰시오.

주15. 덩어리 괴 (　　　)　　주16. 힘줄 근 (　　　)

주17. 거문고 금 (　　　)　　주18. 어두울 명 (　　　)

주19. 부르짖을 규 (　　　)　　주20. 허리 요 (　　　)

■ 다음 한자어의 독음을 쓰시오.

주21. 遵守 (　　　)　　주22. 抛棄 (　　　)

주23. 修飾 (　　　)　　주24. 邪惡 (　　　)

주25. 陰濕 (　　　)　　주26. 招聘 (　　　)

주27. 淫亂 (　　　)　　주28. 侯爵 (　　　)

주29. 痲藥 (　　　)　　주30. 貯藏 (　　　)

주31. 絶叫 (　　　)　　주32. 治粧 (　　　)

주33. 卑俗 (　　　)　　주34. 拍掌 (　　　)

주35. 雌性卵 (　　　)

■ 다음 □ 안에 공통으로 들어갈 한자를 〈보기〉에서 찾아 쓰시오.

보기	沒　嫌　淫　率　荷　昇

주36. 陷□, □收　　　　(　　　)

주37. □華, □天　　　　(　　　)

주38. 蓮□, □役　　　　(　　　)

주39. 統□, 比□　　　　(　　　)

■ 다음 〈보기〉의 주어진 뜻으로 보아 □ 안에 공통으로 들어갈 한자를 쓰시오.

주40. ① 捕□　② □得　　　(　　　)

보기	① 적병을 사로잡음, 짐승이나 물고기를 잡음 ② 얻어 가짐

주41. ① □都　② 變□　　　(　　　)

보기	① 도읍을 옮김 ② 세월이 흐름에 따라 바뀌고 변함

주42. ① 宗□　② □堂　　　(　　　)

보기	① 조선시대에, 역대 임금과 왕비의 위패를 모시던 왕실의 사당 ② 조선시대에 둔, 행정부의 최고 기관, 종묘와 명당

주43. ① 檢□　② □覽　　　(　　　)

보기	① 어떤 행위나 사업 따위를 살펴 조사하는 일 ② 책이나 문서 따위를 죽 훑어보거나 조사하면서 봄

■ 다음 문장 중 ( ) 안의 단어를 한자로 쓰시오.

주44. 노사 간에는 (신뢰)가 중요하다. (   )

주45. 그는 주위의 (권유)로 운동을 시작했다. (   )

주46. 그가 어떻게 행동할 것인지에 대해 (초미)의 관심사가 쏠려 있다. (   )

주47. (보폭)을 크게 하면서 빨리 걷는 것도 건강에 도움이 된다. (   )

주48. 그는 장사를 하기 위해서 간판을 (상점) 밖에 걸었다. (   )

주49. 바다에서 (표류)하던 난민들이 지나가는 배에 의해서 구조되었다. (   )

주50. 태양계에는 모두 아홉 개의 (행성)이 있다. (   )

■ 다음 문장 중 한자어의 독음을 쓰시오.

주51. 그날의 실수로 **勤愼**하는 나날을 보내었다. (   )

주52. 이 문은 두꺼운 철판을 **鎔接**해서 만든 철문이다. (   )

주53. 그의 응급**措置**로 위급한 환자들의 생명이 구원되었다. (   )

주54. 환관들의 비행을 탄핵하다가 **罷職**까지 당했다. (   )

주55. 군인들이 **駐屯**하고 있던 곳은 마을에서 멀지 않았다. (   )

주56. 죽고 사는 **岐路** 속에서 뭔가 결정을 내려야 했다. (   )

주57. 흔히 착하고 순한 사람은 양에 **比喩**된다. (   )

주58. 영감이 죽었다는 비보를 듣자 마음이 **鬱寂**해졌다. (   )

주59. 그의 한마디 말은 여러 의미를 **含蓄**하고 있었다. (   )

주60. 당뇨병 환자가 **糖分**을 다량으로 섭취하는 것은 매우 위험하다. (   )

주61. 근거도 없이 남을 **謀陷**하지 말 것을 경고하였다. (   )

주62. 그의 **釋放**을 위하여 온 국민이 서명운동을 벌였다. (   )

■ 다음 문장 중 한자어의 잘못 쓰인 부분을 바르게 고쳐 쓰시오.

주63. 그는 관리들의 고질적인 **赴敗**를 막기 위해 혼신의 힘을 다했다. (→   )

주64. 그 처녀는 겉으로는 조용하고 온순하고 **燕弱**한 것처럼 보였다. (→   )

주65. 음식을 하는 것도 중요하지만 음식을 **矛樣**있게 담아 내는 일도 중요하다. (→   )

■ 다음 〈보기〉의 한자성어에 대한 설명을 읽고 □ 안에 들어갈 한자를 쓰시오.

주66. 外□內□   (,   )

> 보기　겉(외양과 언행)은 부드러우나, 마음속(신념과 의지)은 꿋꿋하고 굳셈

주67. 孤 軍□□   (,   )

> 보기　'외로운 군대가 애써 싸운다'는 뜻으로, 수가 적고 뒤에서 돕는 군사도 없는 고립된 군대가 용감하게 힘에 겨운 적과 분발하여 힘껏 싸움

주68. 擧 案□□   (,   )

> 보기　'밥상을 들어 눈썹과 나란히 한다'는 뜻으로, 아내가 남편을 극진히 공경함을 이르는 말

주69. □□生 心   (,   )

> 보기　감히 그런 마음을 품을 수 없음

주70. 道□□說   (,   )

> 보기　'길에서 들은 이야기를 길에서 말한다'는 뜻으로, 근거 없이 나도는 소문을 이름

9회 한자자격시험 2급 예상문제

객관식 (1~30번)

■ 다음 [ ] 안의 한자와 음이 같은 한자는?

1. [噫] ① 戲 ② 敢 ③ 衷 ④ 徑
2. [穫] ① 擴 ② 劃 ③ 衝 ④ 趣
3. [互] ① 逐 ② 毫 ③ 抽 ④ 蔽
4. [邪] ① 禾 ② 症 ③ 粒 ④ 詞
5. [襲] ① 而 ② 電 ③ 瞽 ④ 征

■ 다음 [ ] 안의 한자와 뜻이 비슷한 한자는?

6. [貫] ① 徹 ② 攝 ③ 頻 ④ 碩
7. [催] ① 亥 ② 幣 ③ 妥 ④ 促

■ 다음 [ ] 안의 한자와 뜻이 반대(상대)인 한자는?

8. [淸] ① 濁 ② 把 ③ 衷 ④ 鶴
9. [沈] ① 嫌 ② 浮 ③ 紊 ④ 緣

■ 다음 〈보기〉의 내용들과 가장 관련이 깊은 한자는?

10. 보기 | 뽕잎　　번데기　　고치
① 蛇 ② 鹿 ③ 兔 ④ 蠶

11. 보기 | 거문고　　가야금　　바이올린
① 臟 ② 絃 ③ 暫 ④ 晶

12. 보기 | 꽃　　호랑　　수영　　넥타이
① 蝶 ② 輿 ③ 妖 ④ 刺

■ 다음 설명과 같은 뜻을 지닌 한자어는?

13. 전시 · 사변이나 이와 같은 비상사태에, 국가의 권력으로 국민을 강제적으로 일정한 업무에 종사시키는 일
① 左翼 ② 徵用 ③ 依賴 ④ 元旦

14. 남의 물건을 훔침
① 竊盜 ② 乾燥 ③ 平凡 ④ 出沒

15. 사물의 옳고 그름이나 좋고 나쁨을 가림
① 醉氣 ② 蠶室 ③ 辨別 ④ 傲慢

16. 국가 · 지방자치단체 · 은행 · 회사 따위가 사업에 필요한 자금을 차입하기 위하여 발행하는 유가 증권
① 債圈 ② 責權 ③ 責圈 ④ 債券

17. 자기 나라의 산업을 보호 · 육성하기 위하여 국가가 대외 무역을 간섭하고 수입에 여러 가지 제한을 두는 일
① 補護貿易　　② 補好貿易
③ 保護貿易　　④ 保好貿易

18. 국회가 국정에 관하여 직접 조사할 수 있는 권리
① 國政調査權　　② 國政助査權
③ 國政調事權　　④ 國政助事權

■ 다음 한자어의 독음이 바르지 않은 것은?

19. ① 粉塵 : 분진　　② 洞察 : 동찰
③ 狀況 : 상황　　④ 飼養 : 사양

20. ① 振興 : 진흥　　② 津頭 : 진두
③ 丸彫 : 환각　　④ 憂鬱 : 우울

21. ① 厭症 : 실증　　② 汚染 : 오염
③ 憤敗 : 분패　　④ 衣裳 : 의상

22. ① 被拉 : 피랍　　② 收賄 : 수뢰
③ 磨耗 : 마모　　④ 杖刑 : 장형

■ 다음 문장 중 ( ) 안에 들어갈 한자어로 알맞은 것은?

23. 소포로 배달된 ( ) 뚜껑을 여니 옷이 들어 있었다.
① 誰何 ② 趨勢 ③ 箱子 ④ 霜雪

24. 그는 ( ) 육부가 부글대는데도 참고 있었다.
① 華燭 ② 娛樂 ③ 五臟 ④ 臟物

25. 환경 단체는 환경 보호를 ( )하는 집회를 열었다.
① 促求 ② 夜行 ③ 胡亂 ④ 掃滅

26. 전쟁으로 수많은 사람이 ( )와 궁핍에 떨고 있다.
① 擴散 ② 飢餓 ③ 抛物 ④ 多量

27. 이 인형은 (   )로 제작된 것이다.

    ① 鑄物　　② 罪囚　　③ 專賣　　④ 絞首

28. 기차가 (   )을 요란하게 울리며 지나갔다.

    ① 賦課　　② 不姙　　③ 在任　　④ 警笛

■ 다음 한자어의 뜻풀이가 옳지 않은 것은?

29. ① 閏年 : 윤달이나 윤일이 든 해

   ② 幽靈 : 죽은 사람의 혼령

   ③ 賃金 : 돈을 받고 자기의 물건을 남에게 빌려 줌

   ④ 積載 : 물건을 선박, 차량 등의 운송 수단에 실음

30. ① 親戚 : 친족과 외척을 아울러 이르는 말

   ② 斥邪 : 간사한 것을 물리침

   ③ 坪數 : 덮어 감추거나 가리어 숨김

   ④ 寬容 : 남의 잘못을 너그럽게 받아들이거나 용서함

주관식 (주1~주70번)

■ 다음 한자의 훈음을 쓰시오.

주1. 祠 (　　　)　　주2. 蠻 (　　　)

주3. 卦 (　　　)　　주4. 附 (　　　)

주5. 斥 (　　　)　　주6. 網 (　　　)

주7. 劇 (　　　)　　주8. 廟 (　　　)

주9. 騎 (　　　)　　주10. 僻 (　　　)

주11. 挑 (　　　)　　주12. 伸 (　　　)

주13. 齡 (　　　)　　주14. 紫 (　　　)

■ 다음 훈음에 맞는 한자를 쓰시오.

주15. 담장 장　(　　　)　　주16. 위태할 태　(　　　)

주17. 검을 현　(　　　)　　주18. 재 회　(　　　)

주19. 고을 현　(　　　)　　주20. 도울 좌　(　　　)

■ 다음 한자어의 독음을 쓰시오.

주21. 拍掌 (　　　)　　주22. 保釋 (　　　)

주23. 脚韻 (　　　)　　주24. 謁見 (　　　)

주25. 腰痛 (　　　)　　주26. 仲尼 (　　　)

주27. 碑銘 (　　　)　　주28. 敎唆 (　　　)

주29. 桑蟲 (　　　)　　주30. 周旋 (　　　)

주31. 晨星 (　　　)　　주32. 恩寵 (　　　)

주33. 喉音 (　　　)　　주34. 珠算 (　　　)

주35. 蘇息 (　　　)

■ 다음 □ 안에 공통으로 들어갈 한자를 〈보기〉에서 찾아 쓰시오.

보기	滑　欄　滄　越　殃　貌

주36. 面□, 容□　　(　　　)

주37. 潤□, 圓□　　(　　　)

주38. □千, 空□　　(　　　)

주39. □海, □波　　(　　　)

■ 다음 〈보기〉의 주어진 뜻으로 보아 □ 안에 공통으로 들어갈 한자를 쓰시오.

주40. ① 自□　② □笑　　(　　　)

보기
① 스스로 부끄러워 함
② 부끄럽게 여겨 웃음

주41. ① 侵□　② □奪　　(　　　)

보기
① 남의 나라를 불법으로 쳐들어가서 약탈함
② 폭력을 써서 남의 것을 억지로 빼앗음

주42. ① □眠　② 昏□　　(　　　)

보기
① 잠을 자는 일
② 정신없이 잠이 듦

주43. ① □炭　② □乳　　(　　　)

보기
① 가루 석탄에 흙을 넣어서 만든 연료
② 달여서 진하게 만든 우유

■ 다음 문장 중 ( ) 안의 단어를 한자로 쓰시오.

주44. 그는 국민에게 (신뢰)를 받는 대통령이다. (   )

주45. 임신과 (분만)의 고통 뒤에 귀한 생명이 태어난다.
(   )

주46. 그는 시험 (기간)에는 거의 잠을 자지 않았다. (   )

주47. 사장은 눈앞의 (이익)에만 몰두하고 있다. (   )

주48. (압력)이 너무 많이 올라가면 폭발할 위험이 있다.
(   )

주49. 폭우가 쏟아지자 차들이 모두 (서행)을 하며 안전 운전을
하고 있다. (   )

주50. 결정적인 (순간)에 아이디어가 떠올랐다. (   )

■ 다음 문장 중 한자어의 독음을 쓰시오.

주51. 우리나라에서는 상감청자와 나전 漆器가 매우 크게
발달하였다. (   )

주52. 참모 회의에서 부대의 撤收를 결정하였다. (   )

주53. 그는 특히 마음이 손바닥 뒤집듯 순식간에 豹變하는
사람들을 싫어했다. (   )

주54. 하천에서 풍기는 惡臭 때문에 머리가 아파왔다.
(   )

주55. 그는 회사에 遲刻을 자주 하는 편이다. (   )

주56. 재판부는 원고의 항소를 昭明 자료 부족을 이유로
기각했다. (   )

주57. 나는 안타깝고 초조한 심정으로 작금의 昏迷한 정국을
바라보고 있다. (   )

주58. 그는 한 고등학교에서 敎鞭을 잡고 있다. (   )

주59. 용암의 噴出로 인하여 주변의 생태계가 변화되었다.
(   )

주60. 우리는 자연과의 接觸을 통해서만 살아갈 수 있다.
(   )

주61. 우리나라는 船舶 제조에서 세계 수위를 다툰다.
(   )

주62. 무분별한 捕獲으로 멸종 위기에 놓여 있는 동물이 많다.
(   )

■ 다음 문장 중 한자어의 잘못 쓰인 부분을 바르게 고쳐
쓰시오.

주63. 그들은 무지라는 적을 부수기 위해 啓夢운동에 힘썼다.
(→   )

주64. 조련사는 孟獸를 애완동물처럼 쉽게 다루었다.
(→   )

주65. 이번 대회 우승을 위해 한층 더 墳發할 것을 당부하다.
(→   )

■ 다음 〈보기〉의 한자성어에 대한 설명을 읽고 □ 안에
들어갈 한자를 쓰시오.

주66. □□之馬   (,   )

보기 인생의 길흉화복은 변화가 많아서 예측하기 어렵
다는 말

주67. □世之□   (,   )

보기 '세대가 멀리 떨어진 느낌'이라는 뜻으로, 세대를
뛰어넘은 것 같은 느낌, 세상이 많이 바뀌어서 딴
세대가 된 것 같은 느낌을 이름

주68. 含憤□□   (,   )

보기 '분을 머금으며 원한을 쌓는다'는 뜻으로, 원통하고
분한 일이 많음을 의미함

주69. 進退□□   (,   )

보기 '나아갈 수도 물러날 수도 없는 깊은 골짜기'라는
뜻으로, 헤어나기 어려운 한계 상황을 의미함

주70. 會者□□   (,   )

보기 '만난 사람은 헤어짐이 정해져 있다'는 뜻으로, 만난
사람은 반드시 헤어지기 마련임

객관식 (1∼30번)

■ 다음 [ ] 안의 한자와 음이 같은 한자는?

1. [潛] ① 暫　② 棄　③ 圖　④ 拉
2. [鎔] ① 鑛　② 撤　③ 庸　④ 慮
3. [姙] ① 棟　② 賃　③ 訣　④ 顔
4. [阿] ① 牙　② 袋　③ 準　④ 弑
5. [俱] ① 吏　② 勵　③ 厥　④ 驅

■ 다음 [ ] 안의 한자와 뜻이 비슷한 한자는?

6. [恐] ① 怖　② 電　③ 墳　④ 桑
7. [祿] ① 顯　② 飽　③ 俸　④ 兔

■ 다음 [ ] 안의 한자와 뜻이 반대(상대)인 한자는?

8. [昇] ① 荷　② 降　③ 幅　④ 胎
9. [愛] ① 軸　② 悔　③ 皇　④ 憎

■ 다음 〈보기〉의 내용들과 가장 관련이 깊은 한자는?

10. 보기: 사자　호랑이　우두머리
　① 妃　② 筍　③ 禹　④ 猛

11. 보기: 삼계　갈비　내장
　① 鎔　② 湯　③ 阿　④ 液

12. 보기: 물고기　바늘　바다
　① 釣　② 孃　③ 措　④ 楓

■ 다음 설명과 같은 뜻을 지닌 한자어는?

13. 달이 지구를 한 바퀴 도는 시간을 기준으로 만든 역법
　① 太陽　② 陰曆　③ 信義　④ 悽慘

14. 때를 늦추거나 질질 끎
　① 遲滯　② 虐待　③ 解決　④ 相互

15. 역사적으로 중요한 사건이나 시설의 자취
　① 雌雄　② 遙遠　③ 史蹟　④ 金融

16. 한 나라의 정부나 기업·은행 따위가 외국 정부나 공적 기관으로부터 자금을 빌려 옴, 정치적·경제적으로 행하여짐
　① 差官　② 借款　③ 次官　④ 借官

17. 여러 입찰자 가운데 가장 적당한 조건을 제시한 사람에게 낙찰시키는 입찰
　① 競爭入察　　② 警爭入察
　③ 競爭入札　　④ 警爭入札

18. 시장을 지배할 수 있는 기업가의 지위가 남용되거나 과도한 경제력이 집중되는 것을 방지하고, 부당한 공동 행위 및 부정 거래 행위를 규제하도록 규정한 법률, 공정하고 자유로운 경쟁의 촉진·균형 있는 국민 경제의 발전을 도모함을 목적으로 함
　① 共正去來法　　② 公正去來法
　③ 共定去來法　　④ 公定去來法

■ 다음 한자어의 독음이 바르지 않은 것은?

19. ① 慙愧 : 참회　② 磁力 : 자력
　③ 可謂 : 가위　④ 殉葬 : 순장

20. ① 紹介 : 소개　② 包攝 : 포섭
　③ 斜陽 : 사양　④ 忌避 : 기겁

21. ① 口臭 : 구취　② 破裂 : 파열
　③ 渡河 : 도하　④ 要塞 : 요색

22. ① 高踏 : 고답　② 撒布 : 산포
　③ 逝去 : 서거　④ 巨匠 : 거장

■ 다음 문장 중 (　) 안에 들어갈 한자어로 알맞은 것은?

23. (　) 때문에 탁자 위 어항의 물이 흔들렸다.
　① 地震　② 辰星　③ 一蹴　④ 割賦

24. 식당에서 나오는 잔반을 돼지 (　)로 이용했다.
　① 啓蒙　② 獨占　③ 銅錢　④ 飼料

25. 신문의 (　)들을 모아 책으로 간행할 계획이다.
　① 靜肅　② 辭說　③ 初喪　④ 步哨

26. 그녀는 낮에는 일면 정숙해 보이지만, 밤이 되면 (　　)로 변신한다.

　① 狀況　　② 妖婦　　③ 協力　　④ 多讀

27. 큰 길이 (　　)한 소나무 숲 사이로 평탄하게 뻗어 있었다.

　① 賠償　　② 變幻　　③ 崇尙　　④ 鬱蒼

28. 대통령이 일선 부대를 (　　) 방문하였다.

　① 超越　　② 辨明　　③ 奇襲　　④ 寵愛

■ 다음 한자어의 뜻풀이가 옳지 않은 것은?

29. ① 緩行 : 느리게 감

　② 雇傭 : 삯을 받고 남의 일을 해줌

　③ 葬禮 : 장사를 지내는 일

　④ 暫時 : 임시로 정함

30. ① 裁縫 : 옷감 따위를 잘라서 재봉틀로 하는 바느질

　② 分析 : 복합된 사물을 그 요소나 성질에 따라서 가르는 일

　③ 診療 : 의사가 환자를 진찰하고 치료하는 일

　④ 諒察 : 나의 사정 따위를 잘 헤아려 주기를 바라는 일

주관식 (주1~주70번)

■ 다음 한자의 훈음을 쓰시오.

주1. 焦 (　　　　)　　　주2. 誇 (　　　　)

주3. 緖 (　　　　)　　　주4. 狂 (　　　　)

주5. 揷 (　　　　)　　　주6. 眉 (　　　　)

주7. 樓 (　　　　)　　　주8. 匪 (　　　　)

주9. 歐 (　　　　)　　　주10. 押 (　　　　)

주11. 蓋 (　　　　)　　　주12. 影 (　　　　)

주13. 肩 (　　　　)　　　주14. 達 (　　　　)

■ 다음 훈음에 맞는 한자를 쓰시오.

주15. 인삼 삼 (　　　)　　　주16. 위태할 태 (　　　)

주17. 빽빽할 삼 (　　　)　　　주18. 재 회 (　　　)

주19. 고을 현 (　　　)　　　주20. 도울 좌 (　　　)

■ 다음 한자어의 독음을 쓰시오.

주21. 鈍角 (　　　)　　　주22. 厥明 (　　　)

주23. 晏眠 (　　　)　　　주24. 墮落 (　　　)

주25. 紡織 (　　　)　　　주26. 起寢 (　　　)

주27. 絹織 (　　　)　　　주28. 鹽酸 (　　　)

주29. 東軒 (　　　)　　　주30. 漸騰 (　　　)

주31. 穴居 (　　　)　　　주32. 桃源 (　　　)

주33. 大尉 (　　　)　　　주34. 絶叫 (　　　)

주35. 慰安 (　　　)

■ 다음 □ 안에 공통으로 들어갈 한자를 〈보기〉에서 찾아 쓰시오.

보기	綿　蝶　滄　膽　殃　渡

주36. 胡□ , □泳　　　(　　　)

주37. □密 , □織　　　(　　　)

주38. 肝□ , □力　　　(　　　)

주39. □美 , □河　　　(　　　)

■ 다음 〈보기〉의 주어진 뜻으로 보아 □ 안에 공통으로 들어갈 한자를 쓰시오.

주40. ① □斷　② □陽　　　(　　　)

보기	① 흐름 또는 통로를 막거나 끊어서 통하지 못하게 함 ② 햇볕을 가리거나 비가 들이치는 것을 막기 위해 처마 끝에 덧붙이는 좁은 지붕

주41. ① 封□　② 閉□　　　(　　　)

보기	① 굳게 막아 버리거나 잠금 ② 출입을 못하도록 막거나 조직체의 기능을 정지시킴

주42. ① □張　② □急　　　(　　　)

보기	① 마음을 조이고 정신을 바짝 차림 ② 긴요하고 급함

주43. ① □工　② □器　　　(　　　)

보기	① 옹기 만드는 일을 업으로 하는 사람 ② 진흙을 원료로 하여 빚은 후 낮은 온도로 구운 도자기

■ 다음 문장 중 (   ) 안의 단어를 한자로 쓰시오.

주44. 극심한 지구의 오염은 궁극적으로는 인류의 (멸망)을 초래할지도 모른다. (   )

주45. (백부)님의 도움으로 학교를 졸업할 수 있었다. (   )

주46. 세종대왕은 학문과 과학에 조예가 깊은 (성군)이셨다. (   )

주47. 야생(조류)에 대한 그의 지식은 전문가 수준이었다. (   )

주48. 이번에 새로 (초빙)된 강사는 매우 유능하다. (   )

주49. 용맹스러운 (장수) 앞에 나약한 군사는 있을 수 없다. (   )

주50. 신임 장관들이 (산하)기관을 순시하고 있었다. (   )

■ 다음 문장 중 한자어의 독음을 쓰시오.

주51. 승부의 판결 방식은 공정성에 **基盤**을 두어야 한다. (   )

주52. 왕을 **叛逆**하는 자는 누구든 살아남지 못하리라. (   )

주53. 금으로 된 **粧飾**들은 반짝반짝 빛이 났다. (   )

주54. 팔다리가 쑤셔 고생하는 어머니를 위해 **按摩**해 드렸다. (   )

주55. 무모하게 **陷穽** 속으로 뛰어든 것을 후회했을 때는 이미 늦었다. (   )

주56. 딱한 사정을 듣고 보니 문득 **惻隱**한 생각이 들었다. (   )

주57. 구두의 밑이 닳아서 **修繕**하는 집에 맡기고 왔다. (   )

주58. 국제적인 밀매 조직에 대하여 **搜査**하고 있다. (   )

주59. 경제가 어려워지자 임금을 **削減**하는 기업이 늘고 있다. (   )

주60. 그는 남한에 있는 유격대 전체를 **統率**할 권한을 가지고 있다. (   )

주61. 친구에게 그런 **欺瞞**행위를 하다니 정말 참을 수 없다. (   )

주62. 봄비가 메마른 **垈地**를 촉촉이 적셨다. (   )

■ 다음 문장 중 한자어의 잘못 쓰인 부분을 바르게 고쳐 쓰시오.

주63. 과속하던 차가 **橫短**보도 앞에서 급작스레 멈춰 섰다. (→   )

주64. 모든 연출자와 배우들이 그 **演極**을 무대에 올리기 위해 1년이나 준비했다. (→   )

주65. 물색없이 설치다간 자칫 **民幣**가 되기 십상이오. (→   )

■ 다음 〈보기〉의 한자성어에 대한 설명을 읽고 □ 안에 들어갈 한자를 쓰시오.

주66. 一□□發   (,   )

보기 한번 닿기만 하면 곧 폭발할 듯이 위험한 상태를 이르는 말

주67. □□之苦   (,   )

보기 '진흙 구덩이나 숯불에 빠진 괴로움'이라는 뜻으로, 임금의 포악한 학정으로 백성들이 심한 고통을 받아 몹시 고생스러움을 의미함

주68. 天衣□□   (,   )

보기 '하늘 옷은 꿰맨 곳이 없다'는 뜻으로, 본래 그대로의 순진함, 천진난만함을 의미함

주69. 含哺□□   (,   )

보기 '입에 먹을 것을 가득 씹으며 배를 두드린다'는 뜻으로, 백성이 배불리 먹고 즐겁게 지내는 평화로운 모습

주70. 面從□□   (,   )

보기 '앞에서는 복종하나 속마음은 배반한다'는 뜻으로, 겉과 속이 다름을 의미함

11회 한자자격시험 2급 예상문제

객관식 (1~30번)

■ 다음 [ ] 안의 한자와 음이 같은 한자는?

1. [虐] ① 趣　② 抛　③ 含　④ 鶴
2. [塗] ① 禱　② 丘　③ 閨　④ 廉
3. [漏] ① 麗　② 屢　③ 煩　④ 枚
4. [匪] ① 妃　② 昭　③ 殊　④ 尋
5. [染] ① 齡　② 窟　③ 厭　④ 譽

■ 다음 [ ] 안의 한자와 뜻이 비슷한 한자는?

6. [絹] ① 恐　② 錦　③ 詳　④ 貳
7. [措] ① 庸　② 置　③ 翼　④ 液

■ 다음 [ ] 안의 한자와 뜻이 반대(상대)인 한자는?

8. [表] ① 裏　② 燃　③ 緯　④ 駐
9. [哀] ① 撤　② 謬　③ 彩　④ 歡

■ 다음 〈보기〉의 내용들과 가장 관련이 깊은 한자는?

10. 보기　침　　바늘　　탑
　　① 挑　② 催　③ 震　④ 尖

11. 보기　무덤　　돌　　글씨
　　① 蔘　② 蘇　③ 碑　④ 飾

12. 보기　스님　　목탁　　염주
　　① 刹　② 稱　③ 滯　④ 焦

■ 다음 설명과 같은 뜻을 지닌 한자어는?

13. 요구를 받아들임
　　① 賃借　② 受諾　③ 堤防　④ 乘馬

14. 땅이 비탈지고 조금 높은 곳, 언덕
　　① 被拉　② 要衝　③ 丘陵　④ 凝固

15. 재계에서 여러 개의 기업을 거느리며 재력과 거대 자본을 가지고 있는 기업가의 무리
　　① 財閥　② 栽閥　③ 材閥　④ 宰閥

16. 자기를 남보다 못하거나 가치가 없는 것으로 낮추어 생각하는 감정
　　① 劣等感　② 裂等感
　　③ 閱等感　④ 悅等感

17. 공해가 발생하지 않는 상품이나 환경 보존 보호에 적합하도록 고려한 환경 친화적 상품 또는 환경 적합성이 큰 상품을 말함
　　① 綠色商品　② 代替商品
　　③ 赤色商品　④ 間接商品

18. 건설교통부 장관이 조사·평가하여 공시한 표준지의 단위 면적당 가격, 양도세·상속세 따위의 각종 토지 관련 세금의 과세 기준으로 쓰임
　　① 共施地價　② 共示地價
　　③ 公施地價　④ 公示地價

■ 다음 한자어의 독음이 바르지 않은 것은?

19. ① 潤滑 : 윤활　② 騎兵 : 기병
　　③ 誘惑 : 유혹　④ 屈折 : 굴곡

20. ① 變遷 : 변천　② 互選 : 상선
　　③ 昏睡 : 혼수　④ 隱逸 : 은일

21. ① 踏步 : 답보　② 明朗 : 명랑
　　③ 肯定 : 수정　④ 潭水 : 담수

22. ① 挑發 : 도발　② 漆器 : 유기
　　③ 鈍才 : 둔재　④ 分裂 : 분열

■ 다음 문장 중 (　) 안에 들어갈 한자어로 알맞은 것은?

23. 편지에 사진을 (　)해서 부모님께 보내 드렸다.
　　① 同封　② 審議　③ 探索　④ 災殃

24. 노골적으로 (　)를 당하자 수치감이 들었다.
　　① 殘虐　② 翰林　③ 疏外　④ 標記

25. 이 옷감은 (　) 재질로서 외부의 습기는 전혀 침투가 되지 않는다.
　　① 頻度　② 吟詠　③ 名譽　④ 特殊

26. 방청객들은 심판의 (　) 판정에 불만을 가졌다.

    ① 赴任　　② 奴婢　　③ 偏頗　　④ 偶然

27. 각자 맡은 바 (　)을 다 하여야 회사가 발전한다.

    ① 英顯　　② 掠奪　　③ 畜産　　④ 役割

28. 우리 군의 총공세에 적은 완전히 (　)되었다.

    ① 壞滅　　② 煉炭　　③ 塵土　　④ 蒸散

■ 다음 한자어의 뜻풀이가 옳지 않은 것은?

29. ① 寡聞 : 보고 들은 것이 적음

    ② 稻作 : 벼를 심고 가꾸어 거두는 일, 벼농사

    ③ 拘束 : 행동이나 의사의 자유를 누림

    ④ 推戴 : 윗사람으로 떠받듦

30. ① 連絡 : 어떤 사실을 상대편에게 알림

    ② 解夢 : 꿈에 나타난 일을 풀어서 좋고 나쁨을 판단함

    ③ 赦罪 : 죄를 물어 형벌을 가함

    ④ 端緒 : 어떤 문제를 해결하는 방향으로 이끌어 가는 일
       의 첫 부분

주관식 (주1~주70번)

■ 다음 한자의 훈음을 쓰시오.

주1. 敦 (　　　　)　　　주2. 迷 (　　　　)

주3. 膠 (　　　　)　　　주4. 盾 (　　　　)

주5. 坑 (　　　　)　　　주6. 似 (　　　　)

주7. 藍 (　　　　)　　　주8. 梧 (　　　　)

주9. 飜 (　　　　)　　　주10. 侍 (　　　　)

주11. 閣 (　　　　)　　　주12. 帥 (　　　　)

주13. 黙 (　　　　)　　　주14. 審 (　　　　)

■ 다음 훈음에 맞는 한자를 쓰시오.

주15. 나란히 병 (　　　)　　주16. 막을 애 (　　　)

주17. 짝, 우연우 (　　　)　　주18. 꺾을 절 (　　　)

주19. 그윽할 유 (　　　)　　주20. 나루 진 (　　　)

■ 다음 한자어의 독음을 쓰시오.

주21. 獵奇 (　　　)　　주22. 讚揚 (　　　)

주23. 栽培 (　　　)　　주24. 汎濫 (　　　)

주25. 野蠻 (　　　)　　주26. 屍身 (　　　)

주27. 籠城 (　　　)　　주28. 把握 (　　　)

주29. 奇襲 (　　　)　　주30. 昇華 (　　　)

주31. 緊急 (　　　)　　주32. 敎唆 (　　　)

주33. 雁行 (　　　)　　주34. 塗炭 (　　　)

주35. 快速艇 (　　　)

■ 다음 □ 안에 공통으로 들어갈 한자를 〈보기〉에서 찾
아 쓰시오.

보기	慈　虜　濁　殆　遂　削

주36. □減 , □除　　　　　(　　　)

주37. □起 , □端　　　　　(　　　)

주38. 危□ , □半　　　　　(　　　)

주39. 混□ , 鈍□　　　　　(　　　)

■ 다음 〈보기〉의 주어진 뜻으로 보아 □ 안에 공통으로
들어갈 한자를 쓰시오.

주40. ① □善　② □證　　　(　　　)

보기	① 겉으로만 착한 체함 ② 거짓 증거 또는 거짓으로 증명함

주41. ① □說　② □讓　　　(　　　)

보기	① 늘어놓는 말이나 이야기 ② 겸손하여 받지 아니하거나 응하지 아니함

주42. ① □鑛　② □寺　　　(　　　)

보기	① 광산에서 광물을 캐내는 일을 중지함 ② 버려져 중이 없는 절

주43. ① 招□　② □母　　　(　　　)

보기	① 예를 갖추어 불러 맞아들임 ② 장모

■ 다음 문장 중 ( ) 안의 단어를 한자로 쓰시오.

주44. 전문가들은 이번 (붕괴) 사고가 부실 공사로 일어났다고
결론 내렸다. (   )

주45. 아버지는 고기잡이를 나가기 전에 (어망)을 손질했다.
(   )

주46. 고대 사회의 미술 활동은 (고분)을 통해서 알 수 있다.
(   )

주47. 어렸을 때 가난하여 (백부)님의 신세를 지고 자랐다.
(   )

주48. 그는 (낙엽)을 긁어다가 불을 때고 있었다. (   )

주49. 아버님의 (혼백)이나마 편히 쉴 수 있도록 해 드리고
싶었다. (   )

주50. 어머님의 품은 참 (편안)한 곳이다. (   )

■ 다음 문장 중 한자어의 독음을 쓰시오.

주51. 타 기업과의 전략적 提携를 통해 영업 활성화를 적극
시도하고 있다. (   )

주52. 경찰은 현장에서 아무 端緖도 찾아내지 못했다.
(   )

주53. 햇빛에 눈이 부셔 眉間을 찌푸렸다. (   )

주54. 정교하게 만든 模型 비행기를 옥상에서 공중에 날렸다.
(   )

주55. 적의 侵掠에 대비하여 국방을 튼튼히 해야 한다.
(   )

주56. 경찰은 그에 대해 절도 혐의로 拘束 영장을 신청하였다.
(   )

주57. 그도 역시 그 문제로 苦悶 중이었다. (   )

주58. 환경 단체는 환경 보호를 促求하는 집회를 열었다.
(   )

주59. 그는 얄팍한 商述로 이익을 남기려 하고 있다. (   )

주60. 상대방을 侮辱할 생각은 추호도 없었다. (   )

주61. 우리는 단일 민족으로서의 민족적 矜持를 가졌다.
(   )

주62. 무능한 관리의 행동을 보고 실망과 幻滅을 느꼈다.
(   )

■ 다음 문장 중 한자어의 잘못 쓰인 부분을 바르게 고쳐
쓰시오.

주63. 이사회는 이번 사건 관련자들에게 徵罰을 내렸다.
(→)

주64. 우리 학교는 앉을 때마다 삐걱거리는 걸상을 모두 交滯
했다. (→)

주65. 직원들은 校外에 있는 공원으로 야유회를 갔다.
(→)

■ 다음 〈보기〉의 한자성어에 대한 설명을 읽고 □ 안에
들어갈 한자를 쓰시오.

주66. 支 離 □□　　　(,)

보기　갈갈이 흩어지고 찢어져 종잡을 수가 없음

주67. 毛 □ 自 □　　　(,)

보기　'모수가 스스로를 천거한다'는 뜻으로, 자기가 자기
자신을 추천함

주68. 適 材 □□　　　(,)

보기　'적당한 인재를 적당한 자리에 둔다'는 뜻으로, 알맞은
재주꾼을 적당한 자리에 씀

주69. 榮 □ 盛 □　　　(,)

보기　인생이나 사물이 성하고 쇠함이 번갈아 이어짐

주70. 仁 者 □□　　　(,)

보기　'어진 사람은 적이 없다'는 뜻

객관식 (1~30번)

■ 다음 [ ] 안의 한자와 음이 같은 한자는?

1. [逃] ① 廊　② 渡　③ 鍛　④ 訣
2. [旦] ① 禁　② 洛　③ 突　④ 檀
3. [豈] ① 迫　② 憐　③ 旗　④ 吉
4. [舜] ① 瞬　② 失　③ 愼　④ 梧
5. [鳴] ① 也　② 苑　③ 藝　④ 娛

■ 다음 [ ] 안의 한자와 뜻이 비슷한 한자는?

6. [鳳] ① 懸　② 畜　③ 墮　④ 凰
7. [嫌] ① 疑　② 岐　③ 阿　④ 魂

■ 다음 [ ] 안의 한자와 뜻이 반대(상대)인 한자는?

8. [矛] ① 幅　② 盾　③ 雁　④ 潤
9. [鈍] ① 逸　② 那　③ 銳　④ 承

■ 다음 〈보기〉의 내용들과 가장 관련이 깊은 한자는?

10. **보기**　박씨　　흥부전　　새
    ① 僧　② 齒　③ 燕　④ 靈

11. **보기**　드럼　　북　　장구
    ① 打　② 濁　③ 悽　④ 餘

12. **보기**　산사태　홍수　지진　화재
    ① 抗　② 庚　③ 耶　④ 災

■ 다음 설명과 같은 뜻을 지닌 한자어는?

13. 아무 말도 없이 잠잠히 있음, 또는 그런 상태
    ① 洞察　② 沈默　③ 按摩　④ 攻擊

14. 바깥주인이 거처하며 손님을 접대하는 곳
    ① 舍廊　② 賃貸　③ 磁石　④ 統一

15. 기입되어야 할 것이 기록에서 빠짐
    ① 硯滴　② 燃燒　③ 債務　④ 漏落

16. 중세 유럽에서, 영주가 가신(家臣)에게 봉토를 주고, 그 대신에 군역의 의무를 부과하는 주종 관계를 기본으로 한 통치제도
    ① 效果　② 封建　③ 豫算　④ 評價

17. 관료 정치 아래에 있는 관청이나 사회 집단에서 흔히 나타나는 독특한 행동 양식이나 의식 상태를 비판적으로 이르는 말, 상급자에게는 약하고 하급자에게는 힘을 내세우려 하며, 자기 업무와 직접 관련이 없는 일에는 신경을 쓰지 않고, 자기 책임은 지지 않으려 하면서도 독선적인 행동이나 의식을 보이는 따위의 특성을 이르는 말
    ① 貫療主義　　② 官療主義
    ③ 貫僚主義　　④ 官僚主義

18. 광종 7년(956년)에 노비의 신분을 정밀 조사하여 본래 양민이었던 자들을 노비신분에서 해방시키고자 시행한 법
    ① 奴婢按檢法　　② 奴卑按檢法
    ③ 努婢按檢法　　④ 努卑按檢法

■ 다음 한자어의 독음이 바르지 않은 것은?

19. ① 内部監査 : 내부감사　② 價格告示 : 가격고시
    ③ 原價節減 : 원자삭감　④ 能力主義 : 능력주의

20. ① 溺死 : 약사　② 夭折 : 요절
    ③ 嬉遊 : 희유　④ 媤家 : 시가

21. ① 沙漠 : 사막　② 辨明 : 판명
    ③ 飜覆 : 번복　④ 檢屍 : 검시

22. ① 瞬時 : 잠시　② 燭淚 : 촉루
    ③ 編輯 : 편집　④ 彩色 : 채색

■ 다음 문장 중 ( ) 안에 들어갈 한자어로 알맞은 것은?

23. 송수관 (　) 공사로 이틀째 물이 나오지 않는다.
    ① 交替　② 功勳　③ 痕迹　④ 敵對

24. 너는 그런 소리에 (　)할 필요가 없다.
    ① 探集　② 獨占　③ 蛇足　④ 掛念

25. 그들은 탄압에 (　　)하지 않고 의연히 맞섰다.

　① 釋放　　② 徐行　　③ 屈伏　　④ 報答

26. 마당에 사람들이 (　　) 치듯 둘러서서 이삿짐 구경을 하고 있었다.

　① 社說　　② 棄權　　③ 屛風　　④ 餓死

27. 그는 작은 (　　)에 과일을 담아 왔다.

　① 騎兵　　② 醜聞　　③ 小盤　　④ 顯微

28. 그녀는 원문에 충실하게 (　　)하였다.

　① 築臺　　② 飜譯　　③ 木枕　　④ 炊事

■ 다음 한자어의 뜻풀이가 옳지 않은 것은?

29. ① 松柏 : 소나무와 잣나무

　② 來賓 : 모임에 공식적으로 초대를 받고 온 사람

　③ 示唆 : 남을 부추겨 못된 일을 하게 함

　④ 矢石 : 전쟁 무기로 쓰는 화살과 돌

30. ① 悽絶 : 더할 나위 없이 애처로움

　② 拙稿 : 자기나 자기와 관련된 사람의 원고를 겸손하게 이르는 말

　③ 湯器 : 국이나 찌개 따위를 떠놓는 자그마한 그릇

　④ 未畢 : 끝난 지가 이미 오래 됨

■ 다음 한자의 훈음을 쓰시오.

주1. 衡 (　　　　)　　주2. 槿 (　　　　)

주3. 浩 (　　　　)　　주4. 臟 (　　　　)

주5. 陵 (　　　　)　　주6. 爵 (　　　　)

주7. 裏 (　　　　)　　주8. 爪 (　　　　)

주9. 擊 (　　　　)　　주10. 岳 (　　　　)

주11. 蒸 (　　　　)　　주12. 杓 (　　　　)

주13. 誕 (　　　　)　　주14. 殖 (　　　　)

■ 다음 훈음에 맞는 한자를 쓰시오.

주15. 터 대　　(　　　)　　주16. 물리칠 배 (　　　)

주17. 희롱할 롱 (　　　)　　주18. 왕비 비　(　　　)

주19. 짝 반　　(　　　)　　주20. 못 담　　(　　　)

■ 다음 한자어의 독음을 쓰시오.

주21. 矯正 (　　　)　　주22. 蒼遠 (　　　)

주23. 筋力 (　　　)　　주24. 傳播 (　　　)

주25. 謄寫 (　　　)　　주26. 慘酷 (　　　)

주27. 篤實 (　　　)　　주28. 初獻 (　　　)

주29. 獵奇 (　　　)　　주30. 汽船 (　　　)

주31. 碩學 (　　　)　　주32. 要塞 (　　　)

주33. 磁場 (　　　)　　주34. 軟骨 (　　　)

주35. 迷惑 (　　　)

■ 다음 □ 안에 공통으로 들어갈 한자를 〈보기〉에서 찾아 쓰시오.

보기	却	搬	滄	磨	殃	需

주36. 冷□ , □下　　　　(　　　)

주37. 硏□ , 琢□　　　　(　　　)

주38. 運□ , □入　　　　(　　　)

주39. □給 , □要　　　　(　　　)

■ 다음 〈보기〉의 주어진 뜻으로 보아 □ 안에 공통으로 들어갈 한자를 쓰시오.

주40. ① □梁　② 病□　　　(　　　)

보기	① 기둥과 들보를 아울러 이르는 말 ② 병원 안의 건물 한 채 한 채를 이르는 말

주41. ① □報　② 明□　　　(　　　)

보기	① 기쁜 소식 ② 밝고 환함, 유쾌하고 활발함

주42. ① 族□　② 財□　　　(　　　)

보기	① 큰 세력을 가진 가문의 일족 ② 재계에서 여러 개의 기업을 거느리며 재력과 거대 자본을 가지고 있는 기업가의 무리

주43. ① □訪　②□人　　　(　　　)

> 보기
> ① 방문하여 찾아봄
> ② 사람을 찾음 또는 찾는 사람

■ 다음 문장 중 ( ) 안의 단어를 한자로 쓰시오.

주44. 나는 일주일에 한 번씩 공중 (목욕)탕에 간다. (　　)

주45. 평생 모은 전 재산을 (익명)으로 사회에 기부하였다.
(　　)

주46. 자신의 (취향)에 맞게 옷을 갈아입으세요. (　　)

주47. 폭포수가 (계곡) 아래로 시원하게 쏟아졌다. (　　)

주48. 선수는 (심판)의 판정에 곧 승복했다. (　　)

주49. 갑작스러운 산사태로 집이 (매몰)되었다. (　　)

주50. 겨울밤의 (냉기)가 차가워서 이불로 온몸을 감았다.
(　　)

■ 다음 문장 중 한자어의 독음을 쓰시오.

주51. 이 책을 구입하시면 附錄으로 가계부를 드립니다.
(　　)

주52. 농민들은 패정을 견디다 못해 각처에서 蜂起하였다.
(　　)

주53. 그는 실수를 하고도 廉恥 좋게 너털웃음을 짓는다.
(　　)

주54. 우리집은 도로와 隣接한 곳에 위치해 있다. (　　)

주55. 그는 새로운 跳躍을 위해 기존 사업을 중심으로 품목을
다양화했다. (　　)

주56. 전염병의 擴散 방지를 위하여 최선을 다하고 있다.
(　　)

주57. 황제의 勅書를 받고 무서워서 벌벌 떨었다. (　　)

주58. 국제적인 밀매 조직에 대하여 搜査하고 있다. (　　)

주59. 藍色 치마에 연두색 저고리를 입은 모습이 아름다웠다.

주60. 형사 사건에 대하여 법원에 심판을 신청하여 이를 수행
하는 일을 訴追라고 한다. (　　)

주61. 왕의 寵愛를 한 몸에 받았던 후궁이 왕자를 낳았다.
(　　)

주62. 휴전협정에 따른 捕虜 교환이 이루어졌다. (　　)

■ 다음 문장 중 한자어의 잘못 쓰인 부분을 바르게 고쳐
쓰시오.

주63. 거대화된 基諫산업을 국가사업으로 전환하여야 한다는
주장이 제기되었다. (　　 → 　　)

주64. 관광객들이 천천히 帳漠 밖에 경치를 감상했다.
(　　 → 　　)

주65. 우리 형은 형수와 衆媒로 결혼을 했었다. (　　 → 　　)

■ 다음 〈보기〉의 한자성어에 대한 설명을 읽고 □ 안에
들어갈 한자를 쓰시오.

주66. □□之勢　　　　　(　 , 　)

> 보기
> '호랑이를 타고 달리는 형세'라는 뜻으로, 호랑이를
> 타고 가다가 도중에서 내리게 되면 범에게 잡혀
> 버리는 것처럼 일을 계획하고 시작한 다음에는
> 중도에서 그만둘 수 없음을 비유하는 말

주67. □□桃源　　　　　(　 , 　)

> 보기
> '무릉지방의 복숭아 꽃이 떠내려 오는 강물의
> 근원지'라는 뜻으로, 별천지(別天地) 또는 이상향을
> 비유하는 말

주68. 貪官□□　　　　　(　 , 　)

> 보기
> 백성의 재물을 탐내어 빼앗는, 행실이 나쁜 관리

주69. □□之嘆　　　　　(　 , 　)

> 보기
> '보리 이삭의 탄식' 이라는 뜻으로, 기자가 보리 이삭이
> 무성한 은허지를 지나며 고국의 멸망을 한탄했다는
> 데서 '고국의 멸망을 한탄한다'는 의미

주70. □□不斷　　　　　(　 , 　)

> 보기
> 마음이 모질지 못하여 우물쭈물하고 결단을 내리지
> 못함

13회 한자자격시험 2급 예상문제

■ 다음 [ ] 안의 한자와 음이 같은 한자는?

1. [虐] ① 鶴　② 抽　③ 牽　④ 膽
2. [裁] ① 涯　② 栽　③ 臭　④ 玄
3. [召] ① 疏　② 超　③ 抄　④ 忽
4. [忌] ① 丘　② 疾　③ 甚　④ 汽
5. [慧] ① 渴　② 厄　③ 今　④ 曉

■ 다음 [ ] 안의 한자와 뜻이 비슷한 한자는?

6. [敦] ① 懸　② 畜　③ 篤　④ 凰
7. [搜] ① 疑　② 索　③ 阿　④ 魂

■ 다음 [ ] 안의 한자와 뜻이 반대(상대)인 한자는?

8. [迎] ① 送　② 盾　③ 雁　④ 潤
9. [雌] ① 雄　② 那　③ 銳　④ 承

■ 다음 〈보기〉의 내용들과 가장 관련이 깊은 한자는?

10. 보기 | 돌 | 결혼 | 칠순
　① 僧　② 賀　③ 燕　④ 靈

11. 보기 | 제사 | 위패 | 종묘
　① 打　② 濁　③ 祠　④ 餘

12. 보기 | 중전 | 왕후 | 임금의 아내
　① 妃　② 庚　③ 耶　④ 災

■ 다음 설명과 같은 뜻을 지닌 한자어는?

13. 이미 제출하였던 것이나 주장하였던 것을 거두어들임
　① 洞察　② 撤回　③ 按摩　④ 攻擊

14. 자기를 추천함
　① 自薦　② 賃貸　③ 磁石　④ 統一

15. 성인이나 임금의 탄생
　① 硯滴　② 燃燒　③ 債務　④ 聖誕

16. 조선시대에, 신분을 나타내기 위하여 16세 이상의 남자에게 호패를 가지고 다니게 하던 제도로, 태종 때 처음 시행하여 한동안 없앴다가 세조 4년(1459년)에 다시 시행하여 조선 후기까지 계속되었음
　① 豪霸法　② 豪牌法
　③ 號霸法　④ 號牌法

17. 사설 한문 교육기관, 사족(士族)과 일반 사람들이 주체가 되어 향촌 사회에 생활근거를 두고 설립한 초·중등 교육기관
　① 書堂　② 司諫院
　③ 内國換　④ 假需要

18. 형기(刑期)가 끝나지 않은 죄수를 일정한 조건 하에 미리 풀어 주는 행정 처분
　① 家釋放　② 歌釋放
　③ 假釋放　④ 暇釋放

■ 다음 한자어의 독음이 바르지 않은 것은?

19. ① 驅逐 : 구출　② 脣音 : 순음
　③ 討議 : 토의　④ 威脅 : 위협

20. ① 漆板 : 흑판　② 衝擊 : 충격
　③ 紅鶴 : 홍학　④ 醜男 : 추남

21. ① 炳然 : 병연　② 盆地 : 분지
　③ 秒速 : 초속　④ 夢寐 : 몽상

22. ① 酸性 : 산성　② 隆盛 : 융승
　③ 征途 : 정도　④ 丘陵 : 구릉

■ 다음 문장 중 (　) 안에 들어갈 한자어로 알맞은 것은?

23. 우리가 만든 배가 (　)한 대해를 항해한다.
　① 茫茫　② 功勳　③ 痕迹　④ 敵對

24. 하루를 굶은 그는 (　)가 져서 더 이상 걷지를 못했다.
　① 採集　② 獨占　③ 虛飢　④ 掛念

25. 손님이 오셔서 (　)를 준비했다.
　① 釋放　② 徐行　③ 茶菓　④ 報答

26. 그 작품은 시대적 상황과 밀접히 (　)되어 있다.

　　① 社說　　② 棄權　　③ 屛風　　④ 連繫

27. 그는 시험성적을 (　)히 조작하였다.

　　① 巧妙　　② 醜聞　　③ 小盤　　④ 顯微

28. 그는 (　)한 표차로 대통령에 재당선되었다.

　　① 築臺　　② 僅少　　③ 木枕　　④ 炊事

■ 다음 한자어의 뜻풀이가 옳지 않은 것은?

29. ① 繫留 : 어떤 사건이 해결되지 않고 걸려 있음

　　② 永訣 : 자리에서 책임을 맡거나 지도하는 사람

　　③ 小菊 : 꽃송이가 작은 국화

　　④ 龜裂 : 거북의 등딱지 모양으로 갈라짐

30. ① 罔極 : 임금이나 어버이의 은혜가 너무 커서 갚을 길이 없음

　　② 苗木 : 옮겨 심는 어린 나무

　　③ 迫害 : 강한 힘으로 내리 누름

　　④ 詳述 : 자세하게 진술함

주관식 (주1～주70번)

■ 다음 한자의 훈음을 쓰시오.

주1. 標 (　　　)　　주2. 畏 (　　　)

주3. 遍 (　　　)　　주4. 握 (　　　)

주5. 枕 (　　　)　　주6. 珠 (　　　)

주7. 措 (　　　)　　주8. 幽 (　　　)

주9. 屆 (　　　)　　주10. 峽 (　　　)

주11. 濫 (　　　)　　주12. 魂 (　　　)

주13. 卿 (　　　)　　주14. 博 (　　　)

■ 다음 훈음에 맞는 한자를 쓰시오.

주15. 여승 니 (　　　)　　주16. 염병 역 (　　　)

주17. 떨어질 령 (　　　)　　주18. 불땔 취 (　　　)

주19. 날개 익 (　　　)　　주20. 틀 형 (　　　)

■ 다음 한자어의 독음을 쓰시오.

주21. 肩章 (　　　)　　주22. 魔女 (　　　)

주23. 匪賊 (　　　)　　주24. 野蠻 (　　　)

주25. 旱害 (　　　)　　주26. 簿記 (　　　)

주27. 中庸 (　　　)　　주28. 追徵 (　　　)

주29. 發芽 (　　　)　　주30. 名札 (　　　)

주31. 釣魚 (　　　)　　주32. 檢索 (　　　)

주33. 拉致 (　　　)　　주34. 棋聖 (　　　)

주35. 猛獸 (　　　)

■ 다음 □ 안에 공통으로 들어갈 한자를 〈보기〉에서 찾아 쓰시오.

보기	侯　緯　堯　鑄　佳　潛

주36. 經□ , □度　　　　(　　　)

주37. □伏 , □水　　　　(　　　)

주38. □造 , □物　　　　(　　　)

주39. 諸□ , □爵　　　　(　　　)

■ 다음 〈보기〉의 주어진 뜻으로 보아 □ 안에 공통으로 들어갈 한자를 쓰시오.

주40. ① □背　② □法　　(　　　)

보기	① 어기거나 지키지 아니함 ② 법률이나 명령 따위를 어김

주41. ① □足　② 毒□　　(　　　)

보기	① 쓸데없는 군짓을 하여 도리어 잘못되게 함을 이르는 말 ② 이빨에 독액 분비선을 갖는 뱀의 총칭

주42. ① □罰　② □役　　(　　　)

보기	① 옳지 아니한 일을 하거나 죄를 지은 데 대하여 벌을 줌 ② 기결수를 교도소 안에 구치하여 일정기간 노역을 치르게 하는 일

주43. ① 保□　② □國　　(　　　)

보기	① 약한 것을 잘 돌보아 지킴 ② 나라를 보호하고 지킴

■ 다음 문장 중 (   ) 안의 단어를 한자로 쓰시오.

주44. 그는 이 일에 (추호)의 책임도 지지 않으려고 했다.
(　)

주45. (누각) 위에서 바라보는 경관은 한 폭의 그림 같았다.
(　)

주46. (겸손)은 예로부터 우리 민족의 자랑스러운 미덕 가운데
하나였다. (　)

주47. 학문은 민족의 (흥망)을 가름하는 관건이 된다.
(　)

주48. 그들은 농촌 (계몽)운동에 한 평생을 바쳤다.
(　)

주49. 보통의 경우 소비자들은 (과장) 광고에 현혹되기 쉽다.
(　)

주50. 지붕이 (방수)가 제대로 되지 않아서 빗물이 샌다.
(　)

■ 다음 문장 중 한자어의 독음을 쓰시오.

주51. 그들은 등불로 洞窟 안을 비추어 보았다. (　)

주52. 문제 해결을 원활하게 하기 위해서는 전문가에게 諮問
을 구해야 했다. (　)

주53. 이번 일을 이렇게 결정한 根據를 제시해야 한다.
(　)

주54. 양가의 반대로 두 사람의 결혼이 霧散될지도 모르겠다.
(　)

주55. 사망 원인을 규명하기 위해 시체를 解剖해야만 했다.
(　)

주56. 그 철광은 鑛脈이 길지 못하고 또 광석도 좋지 못하다.
(　)

주57. 나의 稚拙한 질문에도 불구하고 정성껏 대답해 주시는
선생님이 고마웠다. (　)

주58. 그 일의 전개 과정을 詳細하게 설명해 주었다. (　)

주59. 四肢가 멀쩡한 사람이라면 누구나 부자가 될 수 있다.
(　)

주60. 왠지 모를 祥瑞로운 기운이 그 아이의 주위를 감돌고
있는 것 같았다. (　)

주61. 우리의 행동에는 반드시 책임이 隨伴된다. (　)

주62. 칫솔질은 식사 후에 해야 齒牙 건강에 좋다. (　)

■ 다음 문장 중 한자어의 잘못 쓰인 부분을 바르게 고쳐
쓰시오.

주63. 우리가 산 광산이 閉鑛이라는 사실을 알고 난 후 놀라지
않을 수 없었다. (→   )

주64. 회사들은 利閏을 올리기 위해 최선을 다한다.
(→   )

주65. 온 窮闕 안이 경사스러운 소식을 접하고 흥분에 빠져
들었다. (→   )

■ 다음 〈보기〉의 한자성어에 대한 설명을 읽고 □ 안에
들어갈 한자를 쓰시오.

주66. □□無恥   (,   )

보기　'얼굴이 두꺼워 부끄러움이 없다'는 뜻으로, 부끄러운
행동을 하고도 뻔뻔스러워 부끄러워할 줄을
모른다는 뜻

주67. □卵之□   (,   )

보기　'알을 쌓아 놓은 듯이 위태로움'이란 뜻으로, 조금만
건드려도 쓰러질 것 같은 매우 위급한 상황

주68. 花□月□   (,   )

보기　'꽃 같이 예쁜 얼굴과 달 같이 고운 맵시'라는 뜻으로,
아름다운 여인의 용모와 자태를 의미하는 말

주69. □反□杖   (,   )

보기　'도둑이 오히려 몽둥이를 메고 달려든다'는 뜻으로,
잘못한 자가 도리어 큰 소리를 냄

주70. 適□適□   (,   )

보기　'적당한 인재를 적당한 자리에 둔다'는 뜻으로, 알맞은
재주꾼을 적당한 자리에 씀

객관식 (1~30번)

■ 다음 [ ] 안의 한자와 음이 같은 한자는?

1. [渡] ① 輿　② 途　③ 染　④ 肝
2. [鍊] ① 憐　② 餓　③ 凍　④ 勝
3. [奇] ① 痛　② 哭　③ 裂　④ 騎
4. [賓] ① 補　② 失　③ 頻　④ 惡
5. [燕] ① 硯　② 危　③ 遙　④ 凍

■ 다음 [ ] 안의 한자와 뜻이 비슷한 한자는?

6. [微] ① 種　② 衝　③ 厚　④ 細
7. [紊] ① 亂　② 敏　③ 達　④ 齡

■ 다음 [ ] 안의 한자와 뜻이 반대(상대)인 한자는?

8. [優] ① 詞　② 劣　③ 雁　④ 潤
9. [美] ① 洙　② 審　③ 醜　④ 融

■ 다음 〈보기〉의 내용들과 가장 관련이 깊은 한자는?

10. 보기 | 트럭　화물　이동
　① 僧　② 搬　③ 符　④ 閣

11. 보기 | 사격　전쟁　사냥
　① 宰　② 殿　③ 伊　④ 銃

12. 보기 | 토끼　여우　늑대　사자
　① 獸　② 禽　③ 懇　④ 誘

■ 다음 설명과 같은 뜻을 지닌 한자어는?

13. 번역한 책이나 글
　① 洞察　② 譯書　③ 按摩　④ 攻擊

14. 힘차게 앞으로 뛰어 나아감
　① 自薦　② 躍進　③ 磁石　④ 統一

15. 부탁하여 맡겨 둠
　① 預託　② 檢索　③ 債務　④ 討議

16. 지방자치단체가 조세를 과세하는 경우에 이를 초과해서 과세할 수 없도록 법정되어 있는 세율
　① 濟限稅率　② 濟限稅律
　③ 制限稅率　④ 制限稅律

17. 백성을 가르치는 바른 소리라는 뜻으로, 1443년에 세종이 창제한 우리나라 글자를 이르는 말
　① 訓民定音　② 訓民正音
　③ 訓民貞音　④ 訓民情音

18. 범죄인을 교도소 등에 수용하지 않고 자유로운 사회 생활을 하면서 일정한 감독과 지도를 받도록 하는 처분, 다시 죄를 범하지 못하도록 하고 사회 복귀를 도와줌
　① 保護觀察　② 保護關察
　③ 保號觀察　④ 保號關察

■ 다음 한자어의 독음이 바르지 않은 것은?

19. ① 昇華 : 승화　② 垂楊 : 수양
　③ 郵遞 : 우체　④ 緩徐 : 원서

20. ① 桑蟲 : 상충　② 阿膠 : 아류
　③ 召命 : 소명　④ 右翼 : 우익

21. ① 普遍 : 보편　② 抽出 : 추출
　③ 玄武 : 현무　④ 揮毫 : 추호

22. ① 管轄 : 관활　② 偏狹 : 편협
　③ 巫俗 : 무속　④ 綜合 : 종합

■ 다음 문장 중 ( ) 안에 들어갈 한자어로 알맞은 것은?

23. 오늘따라 눈이 ( ) 많이 내렸다.
　① 有毒　② 惟獨　③ 流毒　④ 幽獨

24. 오늘 아침 ( ) 두 척이 적진을 향하여 출발했다.
　① 艦艇　② 殉敎　③ 排擊　④ 掛念

25. 옛날에는 결혼 ( )이 요즘보다는 많이 빨랐다.
　① 診療　② 摘要　③ 茶道　④ 年齡

26. 외국 농산물의 (　　)이 점차 늘어나고 있다.

　① 激勵　　② 國祿　　③ 搬入　　④ 放漫

27. 행운과 (　　)은 모두 내가 하기 나름이다.

　① 遲延　　② 珍技　　③ 厄運　　④ 斬刑

28. 그는 정상이 참작되어 (　　)유예로 풀려났다.

　① 疏槪　　② 鞍裝　　③ 弱弟　　④ 起訴

■ 다음 한자어의 뜻풀이가 옳지 않은 것은?

29. ① 幽閉 : 아주 깊숙이 가두어 둠

　② 程道 : 분량이나 수준, 알맞은 한도

　③ 縱斷 : 동서의 방향으로 건너가거나 건너옴

　④ 懷抱 : 마음속에 품은 생각이나 정

30. ① 白鷗 : 갈매기

　② 畏怖 : 홀로 외로워 함

　③ 桐子 : 오동나무의 열매

　④ 輿論 : 사회 대중의 공통된 의견

주관식 (주1〜주70번)

■ 다음 한자의 훈음을 쓰시오.

주1. 菊 (　　　)　　　주2. 燥 (　　　)

주3. 砲 (　　　)　　　주4. 粧 (　　　)

주5. 核 (　　　)　　　주6. 奏 (　　　)

주7. 抛 (　　　)　　　주8. 津 (　　　)

주9. 仲 (　　　)　　　주10. 濃 (　　　)

주11. 諜 (　　　)　　　주12. 屈 (　　　)

주13. 螢 (　　　)　　　주14. 鼓 (　　　)

■ 다음 훈음에 맞는 한자를 쓰시오.

주15. 하물며 황 (　　　)　　주16. 모래 사 (　　　)

주17. 손바닥 장 (　　　)　　주18. 이을 소 (　　　)

주19. 큰 바다 창(　　　)　　주20. 난초 란 (　　　)

■ 다음 한자어의 독음을 쓰시오.

주21. 銳刃 (　　　)　　　주22. 賻儀 (　　　)

주23. 彰善 (　　　)　　　주24. 韻律 (　　　)

주25. 宣誓 (　　　)　　　주26. 旅程 (　　　)

주27. 銃擊 (　　　)　　　주28. 胎兒 (　　　)

주29. 粉塵 (　　　)　　　주30. 奚琴 (　　　)

주31. 姻戚 (　　　)　　　주32. 駐屯 (　　　)

주33. 含蓄 (　　　)　　　주34. 煩惱 (　　　)

주35. 備船 (　　　)

■ 다음 □ 안에 공통으로 들어갈 한자를 〈보기〉에서 찾아 쓰시오.

보기	押　魄　穴　托　狂　侮

주36. 氣□, 魂□　　　　　(　　　)

주37. □犬 , □亂　　　　　(　　　)

주38. □辱 , 受□　　　　　(　　　)

주39. □留 , □收　　　　　(　　　)

■ 다음 〈보기〉의 주어진 뜻으로 보아 □ 안에 공통으로 들어갈 한자를 쓰시오.

주40. ① □勢　② 歸□　　　(　　　)

> 보기
> ① 어떤 현상이 일정한 방향으로 나아가는 경향
> ② 어떤 결과로서 귀착하는 바

주41. ① 軍□　② 製□　　　(　　　)

> 보기
> ① 전투하는 데에 편리하게 만든 군인용 구두
> ② 구두 따위의 신을 만듦

주42. ① 官□　② 同□　　　(　　　)

> 보기
> ① 직업적인 관리, 또는 그들의 집단
> ② 같은 직장이나 같은 부문에서 함께 일하는 사람

주43. ① 殘□　② □待　　　(　　　)

> 보기
> ① 잔인하고 포악함
> ② 몹시 괴롭히거나 가혹하게 대우함

■ 다음 문장 중 ( ) 안의 단어를 한자로 쓰시오.

주44. 작은 종이 (조각) 위에 글씨를 쓰다. (   )

주45. 가문의 (명예)를 회복하기 위해 최선을 다했다. (   )

주46. 그는 시험 (기간)에는 공부에 전념한다. (   )

주47. 그는 (투명)한 유리그릇에 물을 담았다. (   )

주48. 그 화가는 (고희)를 맞아 자신의 그림을 모아 개인전
을 열었다. (   )

주49. 동사무소에서 호적 (등본)을 떼어 학교에 제출하였다.
(   )

주50. 오늘 날씨를 보니 (우산)을 가져가는 것이 좋겠다.
(   )

■ 다음 문장 중 한자어의 독음을 쓰시오.

주51. 무더운 날씨 때문에 수분이 蒸發하여 건조하게 말라
있었다. (   )

주52. 자동차로 循環 도로를 한 바퀴 돌아보았다. (   )

주53. 박해에 시달리다가 젊은 나이에 殉敎하다. (   )

주54. 여름철에는 紫外線이 강하게 내리쬐므로 피부 보호에
특히 신경을 써야 한다. (   )

주55. 과일은 貯藏 기간이 길어지면 상품성이 떨어질 수 있다.
(   )

주56. 갑작스런 酷寒으로 많은 등산객이 동상에 걸렸다.
(   )

주57. 백성들은 명성황후의 弑害사건으로 감정이 매우 격앙
되어 있었다. (   )

주58. 정확하고도 信賴할 수 있는 과학적 자료가 필요했다.
(   )

주59. 한 사업가가 모교에 피아노 한 대를 贈與하였다.
(   )

주60. 전쟁에서 凱旋한 장군이 의기양양하게 보였다.
(   )

주61. 비행기가 몇 시간째 공중을 旋回하고 있다. (   )

주62. 급한 서류들을 고속 버스편으로 託送하였다. (   )

■ 다음 문장 중 한자어의 잘못 쓰인 부분을 바르게 고쳐
쓰시오.

주63. 백성들은 임금을 존중하며 또한 그 덕을 贊揚하였다.
(→   )

주64. 자정이 지난 뒤 下絃달이 추녀에 걸려 있었다.
(→   )

주65. 주가가 急騰하자 투자자들이 모두 즐거워했다.
(→   )

■ 다음 〈보기〉의 한자성어에 대한 설명을 읽고 □ 안에
들어갈 한자를 쓰시오.

주66. □□萬象 (,   )

보기 '빽빽하게 펼쳐 있는 모든 존재들'이란 뜻으로, 세상의
모든 것을 의미하는 말

주67. □田鬪□ (,   )

보기 '흙에서 싸우는 개'라는 뜻으로, '강인한 성격'을
평하여 이르는 말, 혹은 자기의 이익을 위하여 비열
하게 다툼을 비유적으로 이르는 말

주68. □□移山 (,   )

보기 '우공이 산을 옮긴다'는 뜻으로, 어떠한 어렵고 큰
일이라도 끊임없이 노력하면 반드시 이루어짐

주69. 紅□□雪 (,   )

보기 '벌겋게 된 화로 위에 한 점 눈'이라는 뜻으로, 풀리지
않았던 사욕이나 의혹이 눈 녹듯 문득 깨쳐짐

주70. □□玉手 (,   )

보기 '가늘고 옥 같은 손'이라는 뜻으로, 미인의 고운 손을
의미하는 말

15회 한자자격시험 2급 예상문제

객관식 (1~30번)

■ 다음 [ ] 안의 한자와 음이 같은 한자는?

1. [帽] ① 耗　② 述　③ 梁　④ 境
2. [磁] ① 替　② 徹　③ 障　④ 刺
3. [粟] ① 逐　② 屬　③ 領　④ 築
4. [斥] ① 該　② 戚　③ 以　④ 達
5. [尖] ① 泥　② 掠　③ 添　④ 洛

■ 다음 [ ] 안의 한자와 뜻이 비슷한 한자는?

6. [就] ① 進　② 突　③ 眼　④ 柳
7. [隱] ① 滅　② 逸　③ 慢　④ 吏

■ 다음 [ ] 안의 한자와 뜻이 반대(상대)인 한자는?

8. [寡] ① 多　② 烈　③ 荒　④ 罔
9. [取] ① 似　② 漫　③ 使　④ 捨

■ 다음 〈보기〉의 내용들과 가장 관련이 깊은 한자는?

10. 보기 | 소복　산발　처녀　총각
　　① 飼　② 鬼　③ 塊　④ 慙

11. 보기 | 다홍　여자　옷
　　① 昭　② 闕　③ 蘇　④ 裳

12. 보기 | 오장　암　경화
　　① 騷　② 詳　③ 肝　④ 痕

■ 다음 설명과 같은 뜻을 지닌 한자어는?

13. 불행하거나 수고하는 사람들을 방문하고 위로함
　　① 洞察　② 慰問　③ 按摩　④ 攻擊

14. 어떤 사물의 진행을 가로막거나 충분한 기능을 하지 못하게 함
　　① 障碍　② 躍進　③ 磁石　④ 統一

15. 깔보아 업신여김
　　① 預託　② 燃燒　③ 輕蔑　④ 聖誕

16. 임금 산출의 기초로서, 이론적으로 계산해 낸 생활에 필요한 최소 비용
　　① 最低生計費　② 催低生計費
　　③ 最底生計費　④ 催底生計費

17. 군사적 필요나 사회의 안녕과 질서 유지를 위하여 일정한 지역의 행정권과 사법권의 전부 또는 일부를 군이 맡아 다스리는 일, 대통령이 법률에 의거하여 선포함
　　① 系嚴　② 械嚴　③ 契嚴　④ 戒嚴

18. 고종 32년(1895년)에 백성들에게 머리를 깎게 하여 종래의 상투 풍속을 폐하게 한 명령
　　① 交付稅　② 斷髮令
　　③ 强要罪　④ 蕩平策

■ 다음 한자어의 독음이 바르지 않은 것은?

19. ① 冥府 : 명부　② 不肖 : 불소
　　③ 賓客 : 빈객　④ 枚數 : 매수

20. ① 飽和 : 포화　② 森嚴 : 삼감
　　③ 傳播 : 전파　④ 靜寂 : 정적

21. ① 冒險 : 모험　② 矜持 : 긍지
　　③ 竹筍 : 죽순　④ 窒塞 : 질책

22. ① 燒却 : 소각　② 尿道 : 요도
　　③ 優劣 : 우등　④ 飢餓 : 기아

■ 다음 문장 중 ( ) 안에 들어갈 한자어로 알맞은 것은?

23. 그는 성격이 활달하고 외모가 (　)하였다.
　　① 愚弄　② 篤實　③ 秀麗　④ 依賴

24. 적당한 운동과 식이 (　)으로 건강을 회복하였다.
　　① 管理　② 療法　③ 配偶　④ 得失

25. 선인장은 내건성이 뛰어나서 (　)에서도 잘 자란다.
　　① 沙漠　② 散策　③ 餘裕　④ 鑄鐵

26. 방심한 적에게 (　)적인 공격을 가했다.
　　① 奇襲　② 殺傷　③ 紳士　④ 幽靈

27. 뜨거운 한여름에도 (   )들은 땀을 흘려가면서 도자기를 만든다.

    ① 餘情　　② 畢竟　　③ 逃避　　④ 陶工

28. 박사는 제자의 재치 있는 (   )에 껄껄 웃었다.

    ① 弄談　　② 倒置　　③ 枯渴　　④ 緩慢

■ 다음 한자어의 뜻풀이가 옳지 않은 것은?

29. ① 雁陣 : 줄지어 날아가는 기러기의 행렬

    ② 奏請 : 임금님이 내리는 명령

    ③ 炊事 : 음식을 장만하는 일

    ④ 丹楓 : 늦가을에 빛이 붉고 누렇게 변해진 나뭇잎

30. ① 葛布 : 칡 섬유로 짠 베

    ② 該博 : 아는 지식의 범위가 좁음

    ③ 縣監 : 조선시대에 둔, 작은 현의 으뜸 벼슬

    ④ 英顯 : 죽은 사람의 영혼

주관식 (주1~주70번)

■ 다음 한자의 훈음을 쓰시오.

주1. 軟 (   )　　주2. 捉 (   )

주3. 阿 (   )　　주4. 斥 (   )

주5. 赦 (   )　　주6. 貪 (   )

주7. 殊 (   )　　주8. 胡 (   )

주9. 碍 (   )　　주10. 熙 (   )

주11. 傲 (   )　　주12. 曉 (   )

주13. 姙 (   )　　주14. 喉 (   )

■ 다음 훈음에 맞는 한자를 쓰시오.

주15. 폭 폭 (   )　　주16. 냄새 취 (   )

주17. 서로 호 (   )　　주18. 늦을 안 (   )

주19. 푸를 창 (   )　　주20. 저 이 (   )

■ 다음 한자어의 독음을 쓰시오.

주21. 符號 (   )　　주22. 詠歎 (   )

주23. 思惟 (   )　　주24. 山岳 (   )

주25. 散髮 (   )　　주26. 梧桐 (   )

주27. 略曆 (   )　　주28. 宮苑 (   )

주29. 新型 (   )　　주30. 所謂 (   )

주31. 寄贈 (   )　　주32. 姦淫 (   )

주33. 煉炭 (   )　　주34. 壹意 (   )

주35. 越牆 (   )

■ 다음 □ 안에 공통으로 들어갈 한자를 〈보기〉에서 찾아 쓰시오.

보기	碩　　侯　　淫　　哨　　伸　　魄

주36. □張 , □縮　　(   )

주37. □士 , □學　　(   )

주38. □亂 , □談　　(   )

주39. 步□ , □所　　(   )

■ 다음 〈보기〉의 주어진 뜻으로 보아 □ 안에 공통으로 들어갈 한자를 쓰시오.

주40. ① 急□　② □落　　(   )

보기	① 물가나 시세 따위가 갑자기 오름 ② 물가 따위가 오르고 내림

주41. ① □給　② 初□　　(   )

보기	① 어떤 직장에서 계속적으로 일하는 사람이 일의 대가로 정기적으로 받는 일정한 보수 ② 첫 봉급

주42. ① □探　② □察　　(   )

보기	① 드러나지 않은 사정을 몰래 살펴 알아냄 ② 살펴서 알아냄

주43. ① 貫□　② □夜　　(   )

보기	① 어려움을 뚫고 목적을 이룸 ② 밤새움

■ 다음 문장 중 ( ) 안의 단어를 한자로 쓰시오.

주44. 학교에 (지각)할 것 같아 학교까지 뛰어갔다. (   )

주45. 선생님의 말씀을 (명심)하여야 한다. (   )

주46. 조카는 (내년)에 초등학교에 간다. (   )

주47. 폭풍으로 가로수들이 (도로) 위에 쓰러졌다. (   )

주48. 이 체육대회는 (격년)으로 열리고 있다. (   )

주49. (기차)가 플랫폼으로 미끄러져 들어왔다. (   )

주50. 그가 우리 동아리에 가입한다면 (쌍수)로 맞이하겠다.
(   )

■ 다음 문장 중 한자어의 독음을 쓰시오.

주51. 신문에 連載되었던 소설이 단행본으로 출간되었다.
(   )

주52. 시민의 자유를 보장하자는 趣旨로 헌법이 개헌되었다.
(   )

주53. 할 말이 있는지 賣入者 모두가 건물주를 찾아왔다.
(   )

주54. 그는 비자금을 隱匿한 죄로 검찰에 출두해야 했다.
(   )

주55. 나는 그가 우리의 역사를 의식적으로 歪曲하려 한다는
느낌을 받았다. (   )

주56. 주말이면 도심을 빠져 郊外로 나가는 사람들이 부쩍
늘었다. (   )

주57. 이솝 寓話는 인생의 중요한 교훈들을 가르치고 있다.
(   )

주58. 밤의 寂寞을 깨고 어디선가 풍경 소리가 들렸다.
(   )

주59. 한 겨울 朔風에 손끝이 시려왔지만 참을 수밖에 없었다.
(   )

주60. 밀수를 단속하기 위하여 공항과 港灣에서의 순찰을
강화하였다. (   )

주61. 올해도 뜰에 鳳仙花가 아름답게 피었다. (   )

주62. 우두커니 서서 지나간 일을 回顧하니 눈물이 왈칵
쏟아졌다. (   )

■ 다음 문장 중 한자어의 잘못 쓰인 부분을 바르게 고쳐
쓰시오.

주63. 襲度는 그날의 불쾌지수를 결정짓는 요인이 될 수 있다.
(→   )

주64. 재물이란 사람을 철저하게 妥落시키는 경우가 있다.
(→   )

주65. 트럭은 대부분 경유를 然料로 사용한다.
(→   )

■ 다음 〈보기〉의 한자성어에 대한 설명을 읽고 □ 안에
들어갈 한자를 쓰시오.

주66. □ 本 □ 源   (,   )

보기 '(폐단의)근본을 뿌리 뽑고 그 근원을 막는다'는
뜻으로, 악의 근원을 송두리째 없앰

주67. □□ 君 子   (,   )

보기 '들보 위의 군자'라는 뜻으로, 도둑을 완곡하게
이르는 말

주68. 惡 戰 □□   (,   )

보기 '모질게 싸우고 힘들게 싸운다'는 뜻으로, 어려운
상황에서 매우 노력함

주69. □□ 風 月   (,   )

보기 '서당 개 삼년이면 풍월을 읊는다'는 뜻으로, 어떤 일을
잘 모르는 사람이라도 오랫동안 종사하여 보고 들으면
쉽게 해석해 낼 수 있음을 이르는 말

주70. 權 □□ 數   (,   )

보기 상대방을 교묘하게 속이거나 곤경에 빠뜨리는 술책을
뜻함

객관식 (1~30번)

■ 다음 [ ] 안의 한자와 음이 같은 한자는?

1. [軟] ① 宴　② 案　③ 按　④ 鞍
2. [笛] ① 淑　② 督　③ 寂　④ 戚
3. [譯] ① 獲　② 疫　③ 勵　④ 衝
4. [稚] ① 促　② 推　③ 侈　④ 連
5. [矢] ① 殆　② 胎　③ 始　④ 胎

■ 다음 [ ] 안의 한자와 뜻이 비슷한 한자는?

6. [傲] ① 漆　② 慢　③ 匪　④ 需
7. [恭] ① 敬　② 傾　③ 賃　④ 磁

■ 다음 [ ] 안의 한자와 뜻이 반대(상대)인 한자는?

8. [疏] ① 尖　② 親　③ 薦　④ 刻
9. [盛] ① 鐵　② 趨　③ 刃　④ 衰

■ 다음 〈보기〉의 내용들과 가장 관련이 깊은 한자는?

10. 보기 ｜ 임금　　신하　　조정
　　① 鞍　② 鹽　③ 闕　④ 維

11. 보기 ｜ 엽총　　활　　창　　짐승
　　① 獵　② 振　③ 照　④ 蠶

12. 보기 ｜ 바늘　　실　　골무
　　① 燥　② 噫　③ 彫　④ 縫

■ 다음 설명과 같은 뜻을 지닌 한자어는?

13. 불쌍하고 가련하게 여김
　　① 抵觸　② 慰勞　③ 觸覺　④ 憐憫

14. 뇌의 기능이 완전히 멈추어 본디 상태로 되돌아가지 않는 상태
　　① 縱斷　② 腦死　③ 葬禮　④ 脅迫

15. 전군을 지휘하는 사람 혹은 어떤 집단의 우두머리
　　① 總帥　② 燃燒　③ 輕蔑　④ 聖誕

16. 도덕성, 사회성, 정서를 포함한 바람직한 인간으로서의 성품을 가지도록 하는 교육
　　① 診斷評價　　② 人性教育
　　③ 教育豫算　　④ 教育隔差

17. 개인이 지니고 있는 여러 가지 문제를 소집단의 경험을 통하여 해결하는 상담의 한 형태
　　① 輯單相談　　② 輯團相談
　　③ 集單相談　　④ 集團相談

18. 조선 광무 9년(1905년)에 일본이 한국의 외교권을 빼앗기 위하여 강제적으로 맺은 조약
　　① 丁未條約　　② 癸亥條約
　　③ 平和條約　　④ 乙巳條約

■ 다음 한자어의 독음이 바르지 않은 것은?

19. ① 雲霧 : 운무　　② 蔑視 : 멸시
　　③ 減殺 : 감살　　④ 需用 : 수용

20. ① 牙城 : 아성　　② 標識 : 표식
　　③ 鬱寂 : 울적　　④ 調劑 : 조제

21. ① 義捐 : 의견　　② 訃告 : 부고
　　③ 禦寒 : 어한　　④ 鞭撻 : 편달

22. ① 突出 : 돌출　　② 口臭 : 구취
　　③ 減俸 : 감봉　　④ 餓死 : 의사

■ 다음 문장 중 ( ) 안에 들어갈 한자어로 알맞은 것은?

23. 이 우산은 접을 수 있어 ( )가 간편하다.
　　① 携帶　② 循行　③ 伸張　④ 審査

24. 많은 사람이 그들의 연극을 ( )하러 왔다.
　　① 基盤　② 巢卵　③ 傍聽　④ 佛像

25. 핵무기는 인류의 ( )을 초래할 수도 있다.
　　① 炭鑛　② 助力　③ 密封　④ 滅亡

26. 금강산의 ( )한 경관은 말로 표현 못할 정도로 아름다웠다.
　　① 東夷　② 姿勢　③ 徵集　④ 秀麗

27. 이번 재앙으로 많은 건물이 땅속에 (　　)되었다.

　① 宰相　　② 陷沒　　③ 浩然　　④ 荒唐

28. 이번 인사는 (　　)과 학벌에 따라 이루어졌다는 비판이
제기되었다.

　① 偵探　　② 人脈　　③ 間諜　　④ 滯留

■ 다음 한자어의 뜻풀이가 옳지 않은 것은?

29. ① 嘗試 : 시험 삼아 봄

　② 敍述 : 사건이나 생각 따위를 차례대로 말하거나 적음

　③ 粟米 : 밤과 쌀

　④ 豫想 : 어떤 일을 직접 당하기 전에 미리 생각해 둠

30. ① 敬畏 : 두려워서 자세히 살핌

　② 潤氣 : 윤택한 기운

　③ 敬畏 : 공경하면서 두려워함

　④ 對酌 : 마주 대하고 술을 마심

주관식 (주1~주70번)

■ 다음 한자의 훈음을 쓰시오.

주1. 侍 (　　　　)　　주2. 畏 (　　　　)
주3. 紳 (　　　　)　　주4. 戴 (　　　　)
주5. 韻 (　　　　)　　주6. 陶 (　　　　)
주7. 腰 (　　　　)　　주8. 佬 (　　　　)
주9. 燕 (　　　　)　　주10. 遙 (　　　　)
주11. 津 (　　　　)　　주12. 溺 (　　　　)
주13. 宰 (　　　　)　　주14. 蜂 (　　　　)

■ 다음 훈음에 맞는 한자를 쓰시오.

주15. 다스릴 윤 (　　　)　　주16. 요임금 요 (　　　)
주17. 손바닥 장 (　　　)　　주18. 지혜 혜 (　　　)
주19. 잡을 구 (　　　)　　주20. 복숭아 도 (　　　)

■ 다음 한자어의 독음을 쓰시오.

주21. 蓮荷 (　　　)　　주22. 漂白 (　　　)
주23. 品詞 (　　　)　　주24. 竊取 (　　　)
주25. 漸進 (　　　)　　주26. 前奏 (　　　)
주27. 肝臟 (　　　)　　주28. 靈寵 (　　　)
주29. 鍊熟 (　　　)　　주30. 祝砲 (　　　)
주31. 侍坐 (　　　)　　주32. 黃酸 (　　　)
주33. 舜華 (　　　)　　주34. 濫發 (　　　)
주35. 蘇息 (　　　)

■ 다음 □ 안에 공통으로 들어갈 한자를 〈보기〉에서 찾
아 쓰시오.

보기	碩　　嫌　　淫　　惱　　謁　　塊

주36. 金□ , 地□　　　　(　　　)
주37. 苦□ , 煩□　　　　(　　　)
주38. □疑 , □惡　　　　(　　　)
주39. 拜□ , □見　　　　(　　　)

■ 다음 〈보기〉의 주어진 뜻으로 보아 □ 안에 공통으로
들어갈 한자를 쓰시오.

주40. ① 開□　② □告　　　(　　　)

보기	① 어떤 모임이나 행사를 함 ② 상대편에게 일정한 행위를 하도록 독촉하는 통지를 하는 일

주41. ① □度　② □縮　　　(　　　)

보기	① 용액 따위의 진함과 묽음의 정도 ② 액체를 진하게 또는 바짝 졸임

주42. ① □權　② 制□　　　(　　　)

보기	① 어떤 분야에서 우두머리나 으뜸의 자리를 차지하여 누리는 공인된 권리와 힘 ② 패권을 잡음, 경기 따위에서 우승함

주43. ① 海□　② □谷　　　(　　　)

보기	① 육지 사이에 끼어있는 좁고 긴 바다 ② 험하고 좁은 골짜기

■ 다음 문장 중 ( ) 안의 단어를 한자로 쓰시오.

주44. 절대로 (위증)하지 않겠다고 맹세했다. (　　　)

주45. 그는 (목침)을 베고 누워 잠을 청했다. (　　　)

주46. 과속으로 (주행)하면 연료의 낭비가 심하다. (　　　)

주47. 지나치게 (이익)만 좇다가는 친구를 잃을 수도 있다.
(　　　)

주48. 화재로 인하여 중요한 문화재가 (소각)되었다. (　　　)

주49. 다이빙할 때는 반드시 (수직)으로 입수하여야 한다.
(　　　)

주50. 새해 (원단)을 기해 특별 사면을 실시했다. (　　　)

■ 다음 문장 중 한자어의 독음을 쓰시오.

주51. 하늘에서 내려온 환웅이 인간이 된 웅녀와 결합하여
檀君이 태어났다는 신화가 있다. (　　　)

주52. 그것은 전체적 **脈絡**에서 볼 때 유사한 점이 많이 있다.
(　　　)

주53. 아무리 봐도 양반 댁 **閨秀**처럼 보이지는 않았다.
(　　　)

주54. 신하들이 임금을 올바로 **輔弼**하여야 할 의무가 있다.
(　　　)

주55. 낙동강 하부에는 **三角洲**가 형성되어 있다. (　　　)

주56. 갑자기 직원회의가 **召集**되자 직원들은 당황했다.
(　　　)

주57. 이솝 **寓話**는 인생의 중요한 교훈들을 가르치고 있다.

주58. 황무지를 **肥沃**한 농토로 개간하느라고 고생했다.

주59. 대원들은 **地雷**가 놓인 곳을 찾아 제거했다. (　　　)

주60. 그 식당은 **郵遞局** 바로 옆에 위치하고 있다. (　　　)

주61. 원고가 피고에게 손해 **賠償**을 요구하였다. (　　　)

주62. 전쟁은 끝났지만 **疾病**과 가뭄으로 온 백성이 괴로웠다.
(　　　)

■ 다음 문장 중 한자어의 잘못 쓰인 부분을 바르게 고쳐
쓰시오.

주63. 시대와 생활환경의 **變蕭**에 따라 풍습과 양식이 바뀌는
경향이 있다. (　　→　　)

주64. 그 **喪麗**는 장식들이 다 떨어져 나가 보기가 싫었다.
(　　→　　)

주65. 전쟁은 많은 문화재의 소실을 **耶起**했다. (　　→　　)

■ 다음 〈보기〉의 한자성어에 대한 설명을 읽고 □ 안에
들어갈 한자를 쓰시오.

주66. **神 出 □□**　　　　　(　,　)

보기	'귀신처럼 나타나고 없어진다'는 뜻으로, 귀신이 나타났다 사라지듯 홀연히 드나듦

주67. **□ 肉 之 □**　　　　　(　,　)

보기	'자기의 살을 괴롭게 하는 꾀'라는 뜻으로, 어쩔 수가 없어서 자신을 희생시키면서까지 내는 꾀

주68. **□□ 世 態**　　　　　(　,　)

보기	'따뜻하면 붙고 서늘하면 버리는 세상의 태도'란 뜻으로, 권세가 있을 때는 붙고 권세가 없어지면 푸대접하는 세상의 인심을 이르는 말

주69. **韋 □ 三 □**　　　　　(　,　)

보기	'공자가 주역을 즐겨 읽어 책의 가죽 끈이 세 번이나 끊어졌다'는 뜻으로, 책을 열심히 읽음을 이르는 말

주70. **□ 田 □ 海**　　　　　(　,　)

보기	'뽕나무 밭이 변하여 푸른 바다가 된다'는 뜻으로, 세상 일의 변천이 심함

한자자격시험 2급 기출문제

1~4회

객관식 (1~30번)

■ 다음 [ ] 안의 한자와 음이 같은 한자는?

1. [豹] ① 漂　② 雀　③ 酌　④ 釣
2. [殊] ① 駐　② 珠　③ 雖　④ 昧
3. [洲] ① 秦　② 奏　③ 赤　④ 肖
4. [懇] ① 添　② 鑑　③ 騷　④ 幹
5. [葱] ① 溺　② 耶　③ 躍　④ 碍

■ 다음 [ ] 안의 한자와 뜻이 비슷한 한자는?

6. [巷] ① 街　② 浦　③ 屯　④ 旨
7. [陵] ① 坑　② 塊　③ 丘　④ 屈

■ 다음 [ ] 안의 한자와 뜻이 반대(상대)인 한자는?

8. [濁] ① 沃　② 潭　③ 泥　④ 淸
9. [怠] ① 勤　② 燁　③ 疵　④ 怡

■ 다음 〈보기〉의 내용들과 가장 관련이 깊은 한자는?

10. 보기 | 변방　성채　막다
　① 碧　② 塞　③ 邊　④ 索

11. 보기 | 사육　방목　양돈
　① 衝　② 蓄　③ 築　④ 畜

12. 보기 | 혼인　돈　재물
　① 弊　② 廢　③ 幣　④ 蔽

■ 다음 설명과 같은 뜻을 지닌 한자어는?

13. 충분히 의논함
　① 俱現　② 爛商　③ 昭詳　④ 諫言

14. 미개하여 문화 수준이 낮은 상태
　① 衰退　② 濫用　③ 踏步　④ 野蠻

15. 도덕, 질서, 규범 따위가 어지러움
　① 關鍵　② 崩壞　③ 紊亂　④ 錯雜

16. 국회가 국정에 관하여 직접 조사할 수 있는 권리
　① 國政組查權　② 國政調查權
　③ 國定組事權　④ 國定調事權

17. 공금이나 남의 재물을 불법으로 가로챈 죄
　① 橫零罪　② 橫令罪　③ 橫領罪　④ 橫嶺罪

18. 특정연령의 생존자가 앞으로 더 살 수 있을 것으로 기대되는 평균 생존 연수
　① 企待壽命　② 祈待壽命
　③ 期對壽命　④ 基對壽命

■ 다음 한자어의 독음이 바르지 않은 것은?

19. ① 把握 : 파악　② 塗炭 : 도회
　③ 封鎖 : 봉쇄　④ 閒寂 : 한적

20. ① 完遂 : 완수　② 折衷 : 절충
　③ 赦免 : 사면　④ 粟米 : 율미

21. ① 燒却 : 소거　② 弁韓 : 변한
　③ 陷穽 : 함정　④ 頌辭 : 송사

22. ① 竹筍 : 죽순　② 薛聰 : 설총
　③ 漆器 : 슬기　④ 巢窟 : 소굴

■ 다음 문장 중 ( ) 안에 들어갈 한자어로 알맞은 것은?

23. 등산로의 경사가 ( )하였다.
　① 緩慢　② 凱旋　③ 豪奢　④ 頃刻

24. 역적의 ( )을 씻기 위해 죽음을 선택했다.
　① 被拉　② 汚名　③ 珍羞　④ 哀悼

25. ( )영화가 한여름 무더위를 식혀주기도 한다.
　① 周測　② 隘路　③ 厄運　④ 恐怖

26. 삼권 분립은 한쪽의 무단 독주를 ( )하기 위한 장치다.
　① 刺客　② 薦譽　③ 牽制　④ 撒布

27. 1년간 준비한 프로젝트가 ( )되어 실망감이 너무 크다.
　① 豫買　② 出捐　③ 擁護　④ 霧散

28. 정부는 이번 발표를 통해 불법 상거래에 대한 단속 강화를
    강력히 (　　)하였다.

    ① 示唆　　② 徹底　　③ 懷抱　　④ 敎唆

■ 다음 한자어의 뜻풀이가 바르지 않은 것은?

29. ① **憤慨** : 몹시 분하게 여김

    ② **古稀** : 여든 살을 이르는 말

    ③ **稚拙** : 유치하고 졸렬함

    ④ **渡河** : 강이나 내를 건너감

30. ① **洪範** : 모범이 되는 큰 규범

    ② **憐憫** : 불쌍하고 가련하게 여김

    ③ **荒唐** : 말이나 행동이 참되지 않고 터무니없음

    ④ **寬容** : 오랫동안 써서 굳어진 대로 늘 씀

주관식 (주1～주70번)

■ 다음 한자의 훈음을 쓰시오.

주1. 滯 (　　)		주2. 虜 (　　)	
주3. 訃 (　　)		주4. 桑 (　　)	
주5. 卿 (　　)		주6. 竊 (　　)	
주7. 蘇 (　　)		주8. 痕 (　　)	
주9. 紛 (　　)		주10. 棄 (　　)	
주11. 籠 (　　)		주12. 蒙 (　　)	
주13. 謬 (　　)		주14. 恥 (　　)	

■ 다음 훈음에 맞는 한자를 쓰시오.

주15. 싹 아 (　　)		주16. 울 곡 (　　)	
주17. 점차 점 (　　)		주18. 더딜 지 (　　)	
주19. 쉴 게 (　　)		주20. 같을 사 (　　)	

■ 다음 한자어의 독음을 쓰시오.

주21. 緊縮 (　　)		주22. 驅迫 (　　)	
주23. 懲罰 (　　)		주24. 侯爵 (　　)	
주25. 偏頗 (　　)		주26. 軟膏 (　　)	
주27. 飼料 (　　)		주28. 煉乳 (　　)	
주29. 依賴 (　　)		주30. 將帥 (　　)	
주31. 軒號 (　　)		주32. 勉勵 (　　)	
주33. 琢磨 (　　)		주34. 飜譯 (　　)	
주35. 隱匿 (　　)			

■ 다음 □ 안에 공통으로 들어갈 한자를 〈보기〉에서 찾
  아 쓰시오.

보기	慰　　診　　透　　搖　　肅　　笛　　弄

주36. 愚□, 戲□, □談　　(　　　　)

주37. □過, 浸□, □明　　(　　　　)

주38. □勞, 自□, □問　　(　　　　)

주39. □然, 嚴□, 靜□　　(　　　　)

■ 다음 □ 안에 공통으로 들어갈 한자를 〈보기〉의 뜻을
  참고하여 쓰시오.

주40. ① □發　② 興□　　(　　　　)

보기	① 가라앉은 마음과 힘을 떨쳐 일으킴 ② 어떤 자극을 받아 감정이 북받쳐 일어남

주41. ① 肝□　② □力　　(　　　　)

보기	① 간과 쓸개 ② 겁이 없고 용감한 기운

주42. ① 敦□　② □實　　(　　　　)

보기	① 인정이 도타움 ② 믿음이 두텁고 성실함

주43. ① 族□　② 派□　　(　　　　)

보기	① 큰 세력을 가진 가문의 일족 ② 개별적인 이해관계를 따라 따로따로 갈라진 사람의 　집단

■ 다음 문장 중 (　　) 안의 단어를 한자로 쓰시오.

주44. 설날 아침을 (원단)이라고 한다. (　　　　)

주45. 촛농이 떨어지자마자 바로 (응고)되었다. (　　　　)

주46. (칭찬)은 자신감을 심어주는 가장 좋은 방법이다.
(   )

주47. 사진을 잘 찍기 위해서는 순간 (포착)을 잘해야 한다.
(   )

주48. 추위에 장시간 노출되면 (동상)에 걸릴 수 있다. (   )

주49. 그녀의 (서구적)인 외모와 지적인 모습이 매우 인상적
이었다. (   )

주50. 말이나 행동의 앞뒤가 서로 일치되지 않을 때 (모순)
된다고 한다. (   )

■ 다음 문장 중 한자어의 독음을 쓰시오.

주51. 성공이 **遙遠**하게 느껴진다. (   )

주52. 그의 행동은 **庸劣**하기 짝이 없다. (   )

주53. 그는 사물을 꿰뚫어 보는 **慧眼**을 지녔다. (   )

주54. **荷役**한 물품들의 내용과 수량을 확인하였다. (   )

주55. **佐郎**은 조선시대 육조의 정육품 벼슬을 말한다.
(   )

주56. 이 미술관에는 유명한 작품들이 **所藏**되어 있다.
(   )

주57. 강제 **抑留**되었던 여행객들이 무사히 귀환하였다.
(   )

주58. 이 영화에는 잔혹하고 **獵奇**적인 장면이 자주 나온다.
(   )

주59. 금메달의 주인공은 누가 될 것인지 **焦眉**의 관심사이다.
(   )

주60. 지리적으로 **隣接**한 두 나라 간에 활발한 교류가
이루어졌다. (   )

주61. 호황을 이루던 사업이 어느덧 **斜陽**길로 접어들었다.
(   )

주62. 절망의 **奈落**에서 빠져나오기 위해 안간힘을 썼다.
(   )

■ 다음 문장 중 한자어의 잘못 쓰인 부분을 바르게 고쳐
쓰시오.

주63. 레미제라블은 '**悲慘**한 사람들'이라는 뜻이다.
(→   )

주64. 태풍으로 인해 과수**裁培**농가가 많은 피해를 입었다.
(→   )

주65. 이 몸이 죽고 죽어 일백 번 고쳐 죽어 백골이 **津土**되어
넋이라도 있고 없고. (→   )

■ 다음 □에 적당한 한자를 넣어 〈보기〉의 설명에 해당
하는 성어를 완성하시오.

주66. **切齒** □ □   (,   )

보기 몹시 분하여 이를 갈며 속을 썩임

주67. **夫** □ □ **隨**   (,   )

보기 남편이 주장하고 아내가 이에 잘 따름

주68. **綠衣** □ □   (,   )

보기 '연두저고리에 다홍치마'라는 뜻으로, 젊은 여자의
고운 옷차림을 이르는 말

주69. □ □ **薄氷**   (,   )

보기 '살얼음을 밟는 것과 같다'는 뜻으로, 아슬아슬하고
위험한 일을 비유적으로 이르는 말

주70. **換骨** □ □   (,   )

보기 '뼈대를 바꾸어 끼고 태를 바꾸어 쓴다'는 뜻으로,
사람이 전보다 훨씬 나아져서 전혀 딴사람처럼 됨을
이르는 말

객관식 (1~30번)

■ 다음 [ ] 안의 한자와 음이 같은 한자는?

1. [洪] ① 祜 ② 鴻 ③ 炯 ④ 漆
2. [贈] ① 蒸 ② 奏 ③ 諜 ④ 寓
3. [豫] ① 畏 ② 獸 ③ 孰 ④ 譽
4. [析] ① 戚 ② 撒 ③ 碩 ④ 盾
5. [槿] ① 筋 ② 途 ③ 郭 ④ 脂

■ 다음 [ ] 안의 한자와 뜻이 비슷한 한자는?

6. [福] ① 裕 ② 祉 ③ 斬 ④ 賀
7. [容] ① 怒 ② 皇 ③ 禽 ④ 顔

■ 다음 [ ] 안의 한자와 뜻이 반대(상대)인 한자는?

8. [隱] ① 顯 ② 確 ③ 賤 ④ 戴
9. [與] ① 寧 ② 忌 ③ 俱 ④ 奪

■ 다음 〈보기〉의 내용들과 가장 관련이 깊은 한자는?

10. 보기 홍수   산사태   지진
    ① 升 ② 峽 ③ 牙 ④ 鬪

11. 보기 삽살개   애완견   진돗개
    ① 狂 ② 獲 ③ 狗 ④ 狡

12. 보기 목욕   국   한약
    ① 湯 ② 淫 ③ 沼 ④ 沙

■ 다음 설명과 같은 뜻을 지닌 한자어는?

13. 국가기관에 대한 행정상 또는 사법상의 신청을 배척하는 처분
    ① 借款 ② 却下 ③ 檢閱 ④ 引受

14. 발달이나 진화의 단계에서 현재 이전의 상태나 시기로 되돌아가는 현상
    ① 復職 ② 配送 ③ 退行 ④ 背書

15. 드러나지 않은 사정을 몰래 살펴 알아냄
    ① 潛在 ② 蒙昧 ③ 搜索 ④ 偵探

16. 물가나 주식 따위의 시세가 떨어지다가 갑자기 오름
    ① 空轉 ② 不渡 ③ 反騰 ④ 拘禁

17. 증권거래소가 주식·채권 등 특정 유가증권에 대해 증권거래소 시장에서 거래될 수 있는 자격을 부여한 기업
    ① 上場企業 　　 ② 商場基業
    ③ 上張企業 　　 ④ 商張基業

18. 사회적 상태를 집약적으로 나타내 생활의 양적·질적인 측면까지 측정함으로써 인간 생활의 전반적인 복지 정도를 파악할 수 있게 하는 척도
    ① 社會紙票 　　 ② 社會旨標
    ③ 社會誌票 　　 ④ 社會指標

■ 다음 한자어의 독음이 바르지 않은 것은?

19. ① 變遷 : 변환 ② 遞增 : 체증
    ③ 折衷 : 절충 ④ 缺陷 : 결함

20. ① 橫斜 : 횡사 ② 刺客 : 자객
    ③ 措置 : 조취 ④ 混濁 : 혼탁

21. ① 窒息 : 질식 ② 朝餐 : 조식
    ③ 幣帛 : 폐백 ④ 瑕疵 : 하자

22. ① 尖銳 : 첨예 ② 煩惱 : 번뇌
    ③ 厭症 : 염증 ④ 嗚泣 : 명읍

■ 다음 문장 중 ( ) 안에 들어갈 한자어로 알맞은 것은?

23. 그녀는 외국어 ( ) 능력이 뛰어나다.
    ① 寬容 ② 鼓吹 ③ 驅使 ④ 剖檢

24. 그는 저명한 국제학술지에 논문을 ( )하였다.
    ① 揭載 ② 管轄 ③ 駿馬 ④ 奉獻

25. 시험에 떨어졌다고 ( )하지 말고 다시 힘을 내어 도전해 봐라.
    ① 和暢 ② 肝膽 ③ 市廳 ④ 落膽

26. 그의 주장은 어느 누구나 알고 있는 (　　)적인 내용에 불과하다.

　① 郵便　　② 普遍　　③ 貪慾　　④ 乾燥

27. 중국의 대형 유통업체와 (　)하여 시장 확장을 시도하고 있다.

　① 膳物　　② 蘇生　　③ 提携　　④ 預託

28. (　)한 성격의 소유자인 그는 쉽게 결정을 내리지 못하고 머뭇거리고 있다.

　① 優柔不斷　　　　② 群雄割據

　③ 賊反荷杖　　　　④ 神出鬼沒

■ 다음 한자어의 뜻풀이가 바르지 않은 것은?

29. ① 覆蓋 : 하천에 덮개 구조물을 씌움

　② 隔離 : 다른 것과 통하게 함

　③ 匿名 : 이름을 숨김

　④ 捕虜 : 사로잡은 적

30. ① 疏通 : 막히지 않고 잘 통함

　② 完遂 : 뜻한 바를 완전히 이룸

　③ 奮發 : 감정이 북받쳐 일어남

　④ 籠城 : 목적을 이루기 위하여 한 자리를 떠나지 않고 시 위함

주관식 (주1~주70번)

■ 다음 한자의 훈음을 쓰시오.

주1. 冥 (　　　)　　　주2. 幹 (　　　)

주3. 佐 (　　　)　　　주4. 捉 (　　　)

주5. 飽 (　　　)　　　주6. 謂 (　　　)

주7. 兎 (　　　)　　　주8. 鹽 (　　　)

주9. 熙 (　　　)　　　주10. 傘 (　　　)

주11. 埋 (　　　)　　　주12. 斥 (　　　)

주13. 頃 (　　　)　　　주14. 替 (　　　)

■ 다음 훈음에 맞는 한자를 쓰시오.

주15. 걸 괘　(　　　)　　　주16. 망볼 초　(　　　)

주17. 막을 차　(　　　)　　　주18. 잡을 집　(　　　)

주19. 무너질 붕 (　　　)　　　주20. 어지러울 문 (　　　)

■ 다음 한자어의 독음을 쓰시오.

주21. 偏僻 (　　　)　　　주22. 鳳凰 (　　　)

주23. 誕辭 (　　　)　　　주24. 駐屯 (　　　)

주25. 懷抱 (　　　)　　　주26. 飜案 (　　　)

주27. 諒解 (　　　)　　　주28. 庸劣 (　　　)

주29. 別添 (　　　)　　　주30. 脈絡 (　　　)

주31. 稅率 (　　　)　　　주32. 履行 (　　　)

주33. 把握 (　　　)　　　주34. 閏朔 (　　　)

주35. 襲擊 (　　　)

■ 다음 □ 안에 공통으로 들어갈 한자를 〈보기〉에서 찾아 쓰시오.

보기	緩	漫	劇	捐	療	透	封

주36. 診□ , □養 , 治□ 　(　　　)

주37. 同□ , □印 , □建 　(　　　)

주38. □團 , 演□ , 悲□ 　(　　　)

주39. 放□ , 浪□ , 散□ 　(　　　)

■ 다음 □ 안에 공통으로 들어갈 한자를 〈보기〉의 뜻을 참고하여 쓰시오.

주40. ① □度 ② 日□ 　(　　　)

보기
① 알맞은 한도 또는 얼마 가량의 분량
② 일정한 기간 동안 해야 할 일의 계획을 날짜별로 짜 놓은 것

주41. ① □落 ② □電 　(　　　)

보기
① 기입되어야 할 것이 기록에서 빠짐
② 절연이 불완전하여 전류의 일부가 전선 밖으로 새어 나가는 일

주42. ① 永□ ② 祕□ 　(　　　)

보기
① 사람이 죽어 상대와 영원히 헤어짐
② 숨겨 두고 혼자만 쓰는 좋은 방법

주43. ① □**動**　② **地**□　(　　　　)

보기	① 물체가 몹시 울리어 흔들림 ② 땅속의 급격한 변화로 땅이 흔들리거나 갈라지는 현상

■ 다음 문장 중 (　) 안의 단어를 한자로 쓰시오.

주44. (허기)가 져서 아무 일도 할 수가 없었다. (　　　　)

주45. 장례식은 (숙연)한 분위기에서 진행되었다. (　　　　)

주46. 친구들 사이에는 무엇보다도 (신뢰)가 있어야 한다. (　　　　)

주47. 삶이 힘겨울지라도 (긍정)적인 눈으로 세상을 바라보자. (　　　　)

주48. 부모님의 오랜 반대에도 불구하고 결국 (승낙)을 받아냈다. (　　　　)

주49. 그는 수많은 (장애)들을 슬기롭게 잘 극복하여 마침내 성공하였다. (　　　　)

주50. 입사 면접에서 (사족)을 붙이는 것은 도리어 손해가 될 수 있다. (　　　　)

■ 다음 문장 중 한자어의 독음을 쓰시오.

주51. 죄인에게 **賜藥**이 내려졌다. (　　　　)

주52. **軍需**물자를 전쟁터로 수송하였다. (　　　　)

주53. 검찰은 불법 복제품을 **押收**하였다. (　　　　)

주54. 몇 달 새 **傳貰**보증금이 많이 올랐다. (　　　　)

주55. **橋梁**공사로 차량 통행이 금지되었다. (　　　　)

주56. 최근 출판물에 대한 **審議**가 강화되었다. (　　　　)

주57. 적들을 소탕하기 위해 **巢窟**로 들어갔다. (　　　　)

주58. 이 **丘陵**은 완만하여 목축에 적당하다. (　　　　)

주59. 노후한 학교 건물의 **改築**공사가 시작되었다. (　　　　)

주60. 전쟁으로 나라가 혼란스러워지자 백성들은 **塗炭**에 빠졌다. (　　　　)

주61. 공장 지대의 유해 물질과 **粉塵**으로 인해 대기오염이 심각하다. (　　　　)

주62. 중국 춘추시대 관중과 포숙아의 우정은 매우 **敦篤**하였다. (　　　　)

■ 다음 문장 중 한자어의 잘못 쓰인 부분을 바르게 고쳐 쓰시오.

주63. 이 사건은 **卒速**으로 처리되었다. (　　→　　)

주64. 어른들은 아이들의 **龜感**이 되어야 한다. (　　→　　)

주65. 결승전에서 우리 팀이 이길 거라는 것을 **秋豪**도 의심하지 않는다. (　　→　　)

■ 다음 □ 안에 적당한 한자를 넣어 〈보기〉의 설명에 해당하는 성어를 완성하시오.

주66. **拔 本** □□　(　,　)

보기	‘(폐단의)근본을 뿌리 뽑고 그 근원을 막는다’는 뜻으로, 악의 근원을 송두리째 없앰을 뜻함

주67. **孤** □□ **鳴**　(　,　)

보기	‘손바닥 하나로는 소리를 내지 못한다’는 뜻으로, 혼자만의 힘으로는 어떤 일을 이루기 어려움을 비유함

주68. **滄海**□□　(　,　)

보기	‘넓고 큰 바다 속의 좁쌀 한 알’이라는 뜻으로, 아주 많거나 넓은 것 가운데 있는 매우 하찮고 작은 것을 이르는 말

주69. □ **強** □ **會**　(　,　)

보기	‘이치에 맞지 않는 말을 억지로 끌어다가 둘러 붙인다’는 뜻으로, 사리에 맞지 않는 일을 자신에게 유리하도록 끌어다 붙임

주70. □ **刀 亂** □　(　,　)

보기	‘경쾌한 칼놀림으로 어지럽게 뒤엉킨 삼대를 잘라낸다’는 뜻으로, 일을 시원스럽게 척척 해냄을 의미함

3회 한자자격시험 2급 기출문제

객관식 (1~30번)

■ 다음 [ ] 안의 한자와 음이 같은 한자는?

1. [逸] ① 兎 ② 伊 ③ 壹 ④ 翌
2. [據] ① 却 ② 拒 ③ 劇 ④ 傑
3. [羞] ① 差 ② 逐 ③ 粹 ④ 循
4. [獄] ① 屋 ② 岳 ③ 彦 ④ 獵
5. [托] ① 姓 ② 屯 ③ 欠 ④ 濁

■ 다음 [ ] 안의 한자와 뜻이 비슷한 한자는?

6. [奈] ① 惹 ② 那 ③ 召 ④ 沃
7. [頻] ① 數 ② 屬 ③ 涉 ④ 曉

■ 다음 [ ] 안의 한자와 뜻이 반대(상대)인 한자는?

8. [鈍] ① 鍵 ② 卑 ③ 闕 ④ 銳
9. [傲] ① 飼 ② 聘 ③ 遜 ④ 彬

■ 다음 〈보기〉의 내용들과 가장 관련이 깊은 한자는?

10. 보기 | 군대　　장수　　우두머리
① 赫 ② 曉 ③ 帥 ④ 侍

11. 보기 | 조류　　곤충　　비행기
① 翼 ② 桓 ③ 鋪 ④ 柴

12. 보기 | 삭발　　절　　비구니
① 繕 ② 殉 ③ 碩 ④ 尼

■ 다음 설명과 같은 뜻을 지닌 한자어는?

13. 등불을 켰다 껐다 하거나 등불이 켜졌다 꺼졌다 함
① 點燈 ② 點滅 ③ 消滅 ④ 漸染

14. 조용하고 엄숙함
① 靜肅 ② 整理 ③ 整頓 ④ 靜淑

15. 갈라져서 터짐, 또는 친하게 지내는 사이에 틈이 남
① 掠奪 ② 瑕疵 ③ 嫌惡 ④ 龜裂

16. 전세금을 지불한 사람이 남의 부동산을 이용할 수 있는 권리
① 傳貰權 ② 專稅權
③ 轉貰權 ④ 錢稅權

17. 누구에게나 기회를 고루 주는 일
① 期回均等 ② 幾會均等
③ 機會均等 ④ 基回均等

18. 급박한 위난을 피하기 위하여 부득이 남에게 손해를 입히는 행위
① 緊及避亂 ② 緊急避難
③ 緊急彼亂 ④ 緊及彼難

■ 다음 한자어의 독음이 바르지 않은 것은?

19. ① 卿宰 : 경재 ② 歸趨 : 귀추
③ 暢達 : 창달 ④ 燕息 : 안식

20. ① 脚韻 : 각운 ② 綱領 : 강령
③ 阿膠 : 하교 ④ 野蠻 : 야만

21. ① 廟堂 : 묘당 ② 閏朔 : 윤막
③ 荷役 : 하역 ④ 蝶泳 : 접영

22. ① 汗蒸 : 한증 ② 激勵 : 격려
③ 鞍裝 : 안장 ④ 軒號 : 간호

■ 다음 문장 중 ( ) 안에 들어갈 한자어로 알맞은 것은?

23. 그는 총리직을 끝까지 ( )하였다.
① 固辭 ② 赦免 ③ 訴訟 ④ 斜線

24. 국군은 열렬한 환호를 받으며 ( )하였다.
① 誇張 ② 跳躍 ③ 凱旋 ④ 累犯

25. 책의 내용이 같더라도 ( )을 잘하면 보기가 좋다.
① 編輯 ② 偏狹 ③ 該博 ④ 振興

26. 《직지심체요절》은 프랑스 국립도서관에 ( )되어 있다.
① 莊嚴 ② 所藏 ③ 壓迫 ④ 粧飾

27. 신체적인 (　　　)를 가진 사람도 충분한 교육을 받는 세상이라야 한다.

　① 偏幣　　② 慰勞　　③ 隱蔽　　④ 障碍

28. 석유와 석탄이 (　　)될 때 탄소와 산소가 만나 이산화탄소가 발생된다.

　① 燃燒　　② 融解　　③ 紹介　　④ 賃貸

■ 다음 한자어의 뜻풀이가 바르지 않은 것은?

29. ① 琴譜 : 거문고의 악보

　② 幽靈 : 죽은 사람의 혼령

　③ 裁縫 : 옷감의 일부를 자름

　④ 御殿 : 임금이 살고 있는 궁전

30. ① 厭世 : 세상을 괴롭고 귀찮은 것으로 여겨 비관함

　② 逍遠 : 자유롭게 이리저리 슬슬 거닐며 돌아다님

　③ 違背 : 법률, 명령, 약속 따위를 지키지 않고 어김

　④ 緩衝 : 대립하는 것 사이에서 불화나 충돌을 누그러지게 함

주관식 (주1∼주70번)

■ 다음 한자의 훈음을 쓰시오.

주1. 鴻 (　　　)　　　주2. 墻 (　　　)

주3. 稻 (　　　)　　　주4. 巷 (　　　)

주5. 酸 (　　　)　　　주6. 僅 (　　　)

주7. 雌 (　　　)　　　주8. 粟 (　　　)

주9. 穴 (　　　)　　　주10. 徑 (　　　)

주11. 浩 (　　　)　　　주12. 寂 (　　　)

주13. 灰 (　　　)　　　주14. 誦 (　　　)

■ 다음 훈음에 맞는 한자를 쓰시오.

주15. 엿 당 (　　　)　　　주16. 높을 륭 (　　　)

주17. 비단 견 (　　　)　　　주18. 겨레 척 (　　　)

주19. 점괘 괘 (　　　)　　　주20. 깎을 삭 (　　　)

■ 다음 한자어의 독음을 쓰시오.

주21. 慇悔 (　　　)　　　주22. 窒塞 (　　　)

주23. 令孃 (　　　)　　　주24. 民弊 (　　　)

주25. 遷都 (　　　)　　　주26. 罷職 (　　　)

주27. 懸案 (　　　)　　　주28. 驅除 (　　　)

주29. 揭揚 (　　　)　　　주30. 醜雜 (　　　)

주31. 抵觸 (　　　)　　　주32. 讚頌 (　　　)

주33. 蜂蜜 (　　　)　　　주34. 督促 (　　　)

주35. 怠慢 (　　　)

■ 다음 □ 안에 공통으로 들어갈 한자를 〈보기〉에서 찾아 쓰시오.

보기	濃 　 劣 　 杜 　 誘 　 悼 　 屍

주36. 哀□ , 追□　　　(　　　)

주37. □度 , □縮　　　(　　　)

주38. 勸□ , □惑　　　(　　　)

주39. □絕 , □門　　　(　　　)

■ 다음 □ 안에 공통으로 들어갈 한자를 〈보기〉의 뜻을 참고하여 쓰시오.

주40. ① □銘　② 墓 □　　(　　　)

보기	① 비석에 새긴 글 ② 무덤 앞에 세우는 비석

주41. ① □黙　② □婦　　(　　　)

보기	① 말이 적고 침착함 ② 남편을 잃고 혼자 지내는 여자

주42. ① □砲　② 拳 □　　(　　　)

보기	① 총과 대포를 아울러 이르는 말 ② 한 손으로 다룰 수 있는 짧고 작은 총

주43. ① 汎 □　② □獲　　(　　　)

보기	① 물이 차서 넘쳐 흐름 ② 짐승이나 물고기 따위를 마구 잡음

■ 다음 문장 중 ( ) 안의 단어를 한자로 쓰시오.

주44. 최근 주가가 (반등)세로 돌아섰다. (　　)

주45. 그는 매우 (초조)하게 기다리고 있었다. (　　)

주46. 미국은 이라크에서 대규모 병력을 (철수)시켰다.
(　　)

주47. 그는 연설을 하기 위해 (단상)으로 올라갔다. (　　)

주48. (골다공증)은 중년 이후의 여성들에게 많이 발생한다.
(　　)

주49. 무너진 탄광의 (갱도)에 갇혀있던 광부들이 무사히 구조
되었다. (　　)

주50. 명예(훼손)이란 타인의 명예 또는 사회적 지위를 손상
시키는 행위이다. (　　)

■ 다음 문장 중 한자어의 독음을 쓰시오.

주51. 파일을 添附하여 메일을 보냈다. (　　)

주52. 계획한 일을 중도에 抛棄할 수는 없다. (　　)

주53. 우리나라의 雇傭지표는 아직 낮은 편이다. (　　)

주54. 우리는 만장일치로 그를 회장으로 推戴하였다. (　　)

주55. 흡연의 피해사례가 屢次 보도되고 있다. (　　)

주56. 이번 일은 管轄이 모호하여 해결이 쉽지 않아 보인다.
(　　)

주57. 우리 눈에 보이지 않는 微細한 먼지가 건강을 해친다.
(　　)

주58. 사원들의 단합과 사기진작의 趣旨에서 야유회를 개최
하였다. (　　)

주59. 그는 뜻밖에 찾아온 행운으로 분수에 넘치는 豪奢를
누렸다. (　　)

주60. 조부께서 사용하시는 硯滴은 조상 대대로 내려오는
가보이다. (　　)

주61. 엑기스는 잘못된 일본식 발음으로 津液으로 순화하여
사용하여야 한다. (　　)

주62. 설날 떡국에 꿩고기를 넣는 것은 꿩을 祥瑞로운 새로
여겼기 때문이라고 한다. (　　)

■ 다음 문장 중 한자어의 잘못 쓰인 부분을 바르게 고쳐
쓰시오.

주63. 미국 금융시장 불안의 餘播가 전 세계에 빠르게 확산
되었다. (　　→　　)

주64. 환경문제로 국가 간의 조약 替結이 빈번이 이루어지고
있다. (　　→　　)

주65. 이사할 때 고려청자가 깨지지 않도록 運伴에 주의
하여야 한다. (　　→　　)

■ 다음 □ 안에 적당한 한자를 넣어 〈보기〉의 설명에 해
당하는 성어를 완성하시오.

주66. □顔無□　　(　,　)

보기　뻔뻔스러워 부끄러움이 없음

주67. 好事□□　　(　,　)

보기　좋은 일에는 흔히 방해되는 일이 많음

주68. 外□內□　　(　,　)

보기　겉으로는 부드럽고 순하게 보이나 속은 곧고 굳셈

주69. □者無□　　(　,　)

보기　'뿔이 있는 짐승은 이가 없다'는 뜻으로, 한 사람이
여러 가지 재주나 복을 다 가질 수 없다는 말

주70. □凉世□　　(　,　)

보기　세력이 있을 때는 아첨하여 따르고 세력이 없어지면
푸대접하는 세상인심을 비유적으로 이르는 말

객관식 (1~30번)

■ 다음 [ ] 안의 한자와 음이 같은 한자는?

1. [驕] ① 篤　② 飢　③ 凱　④ 騰
2. [欄] ① 諫　② 憫　③ 亂　④ 幹
3. [紫] ① 恣　② 憩　③ 糾　④ 繫
4. [稀] ① 秒　② 稙　③ 薰　④ 戲
5. [奏] ① 震　② 封　③ 鑄　④ 遵

■ 다음 [ ] 안의 한자와 뜻이 비슷한 한자는?

6. [懼] ① 哭　② 寬　③ 息　④ 恐
7. [傲] ① 慢　② 台　③ 惑　④ 閱

■ 다음 [ ] 안의 한자와 뜻이 반대(상대)인 한자는?

8. [沈] ① 沒　② 浮　③ 洛　④ 漸
9. [添] ① 銳　② 加　③ 深　④ 削

■ 다음 〈보기〉의 내용들과 가장 관련이 깊은 한자는?

10. 보기 | 지라　　허파　　콩팥
    ① 腐　② 膚　③ 息　④ 臟

11. 보기 | 시　　노래　　구구단
    ① 函　② 誦　③ 謗　④ 肅

12. 보기 | 피리　　대금　　플루트
    ① 管　② 絃　③ 簡　④ 奏

■ 다음 설명과 같은 뜻을 지닌 한자어는?

13. 용기나 의욕이 솟아나도록 북돋워 줌
    ① 鼓膜　② 奮發　③ 啓蒙　④ 激勵

14. 신문, 잡지 따위에 싣기 위하여 원고를 써서 보냄
    ① 揭載　② 請託　③ 寄稿　④ 配送

15. 꺼리거나 어려워하는 마음이 조금도 없이 올차고 다부짐
    ① 威風　② 唐突　③ 大膽　④ 豪傑

16. 기업의 불합리한 구조를 개편하여 효율성을 높이는 일
    ① 構調造整　② 構造調定
    ③ 構造調整　④ 構調造定

17. 급격한 주가변동으로 인한 시장질서의 혼란방지를 위해 전일 종가를 기준으로 당일에 오르내릴 수 있는 최대한의 상승폭과 하락폭을 정해놓은 것
    ① 賈格制限幅　② 價格制限幅
    ③ 價格除限幅　④ 賈格除限幅

18. 대한제국 때에, 일본으로부터 빌려 쓴 1,300만 원을 갚기 위하여 벌인 거족적인 애국 운동
    ① 國債報償運動　② 國採報償運動
    ③ 國債報傷運動　④ 國採報傷運動

■ 다음 한자어의 독음이 바르지 않은 것은?

19. ① 龜裂 : 균열　② 間諜 : 간첩
    ③ 遮斷 : 도단　④ 汽笛 : 기적

20. ① 裁縫 : 재봉　② 蘇鐵 : 소철
    ③ 催促 : 최착　④ 匪賊 : 비적

21. ① 榮耀 : 영휘　② 閃光 : 섬광
    ③ 粉碎 : 분쇄　④ 瓊團 : 경단

22. ① 提携 : 제휴　② 酷毒 : 주독
    ③ 融液 : 융액　④ 歸屬 : 귀속

■ 다음 문장 중 ( ) 안에 들어갈 한자어로 알맞은 것은?

23. 아버지의 병세가 ( )하게 호전되었다.
    ① 脅迫　② 派遣　③ 顯著　④ 謙虛

24. 그는 사기 ( )로 경찰에 체포되었다.
    ① 措置　② 嫌疑　③ 燃燒　④ 煩悶

25. 고향의 죽마고우들과 ( )를 풀기 위해 한자리에 모였다.
    ① 苦惱　② 割愛　③ 磨耗　④ 懷抱

26. 희귀동물의 (　　)을 활성화하기 위해 꾸준히 환경 관리를 해주었다.
　① 繁殖　　② 斗頓　　③ 微粒　　④ 捕獲

27. 장례식에 참석하신 분들을 (　　)에서 확인하여 감사의 글을 보냈다.
　① 冥府　　② 額面　　③ 幽靈　　④ 名簿

28. 해상 작업 종사자들 대부분이 하루 12시간씩 근무를 하면서 (　　)에 시달리고 있다.
　① 薄体　　② 殉葬　　③ 慰勞　　④ 膳賜

■ 다음 한자어의 뜻풀이가 바르지 않은 것은?

29. ① 奇拔 : 유달리 재치가 뛰어남
　② 艦艇 : 크거나 작은 군사용 배
　③ 惹起 : 일을 게을리하여 오히려 망쳐 버림
　④ 硯滴 : 벼루에 먹을 갈 때 물을 담아 두는 그릇

30. ① 劫迫 : 으르고 협박함
　② 移徙 : 사는 곳을 다른 데로 옮김
　③ 秉權 : 군을 편제·통수할 수 있는 권력
　④ 斡旋 : 남의 일이 잘되도록 주선하는 일

주관식 (주1~주70번)

■ 다음 한자의 훈음을 쓰시오.

주1. 懇 (　　　　)　　주2. 蓄 (　　　　)
주3. 禱 (　　　　)　　주4. 濁 (　　　　)
주5. 唆 (　　　　)　　주6. 蒸 (　　　　)
주7. 楓 (　　　　)　　주8. 侮 (　　　　)
주9. 筋 (　　　　)　　주10. 赦 (　　　　)
주11. 誕 (　　　　)　　주12. 峽 (　　　　)
주13. 喉 (　　　　)　　주14. 凰 (　　　　)

■ 다음 훈음에 맞는 한자를 쓰시오.

주15. 기러기 안 (　　　　)　　주16. 간사할 사 (　　　　)
주17. 칡 갈 (　　　　)　　주18. 줄 증 (　　　　)
주19. 베낄 등 (　　　　)　　주20. 갈매기 구 (　　　　)

■ 다음 한자어의 독음을 쓰시오.

주21. 偏幣 (　　　)　　주22. 踏襲 (　　　)
주23. 駐屯 (　　　)　　주24. 阿膠 (　　　)
주25. 港灣 (　　　)　　주26. 純綿 (　　　)
주27. 泣唱 (　　　)　　주28. 纖維 (　　　)
주29. 衰殘 (　　　)　　주30. 丹脣 (　　　)
주31. 戴冠 (　　　)　　주32. 掌握 (　　　)
주33. 鹽酸 (　　　)　　주34. 竊盜 (　　　)
주35. 編輯 (　　　)

■ 다음 □ 안에 공통으로 들어갈 한자를 〈보기〉에서 찾아 쓰시오.

보기 | 寂　豪　毫　攝　斬　參

주36. 秋□, 揮□　　　　(　　　　)
주37. 鬱□, 閑□　　　　(　　　　)
주38. 持□, 新□　　　　(　　　　)
주39. □取, 包□　　　　(　　　　)

■ 다음 □ 안에 공통으로 들어갈 한자를 〈보기〉의 뜻을 참고하여 쓰시오.

주40. ① 潤 □ ② □ 降　　(　　　　)
보기 | ① 빽빽하지 않고 매끄러움
② 비탈진 곳을 미끄러져 내려옴

주41. ① 幼 □ ② □ 魚　　(　　　　)
보기 | ① 수준이 낮거나 미숙함
② 알에서 깬 지 얼마 안 되는 어린 물고기

주42. ① 卑 □ ② □ 待　　(　　　　)
보기 | ① 지위나 신분이 낮고 천함
② 업신여기어 천하게 대우하거나 푸대접함

주43. ① □ 梁 ② 病 □　　(　　　　)
보기 | ① 기둥과 들보를 아울러 이르는 말
② 병원 안의 건물 한 채 한 채를 이르는 말

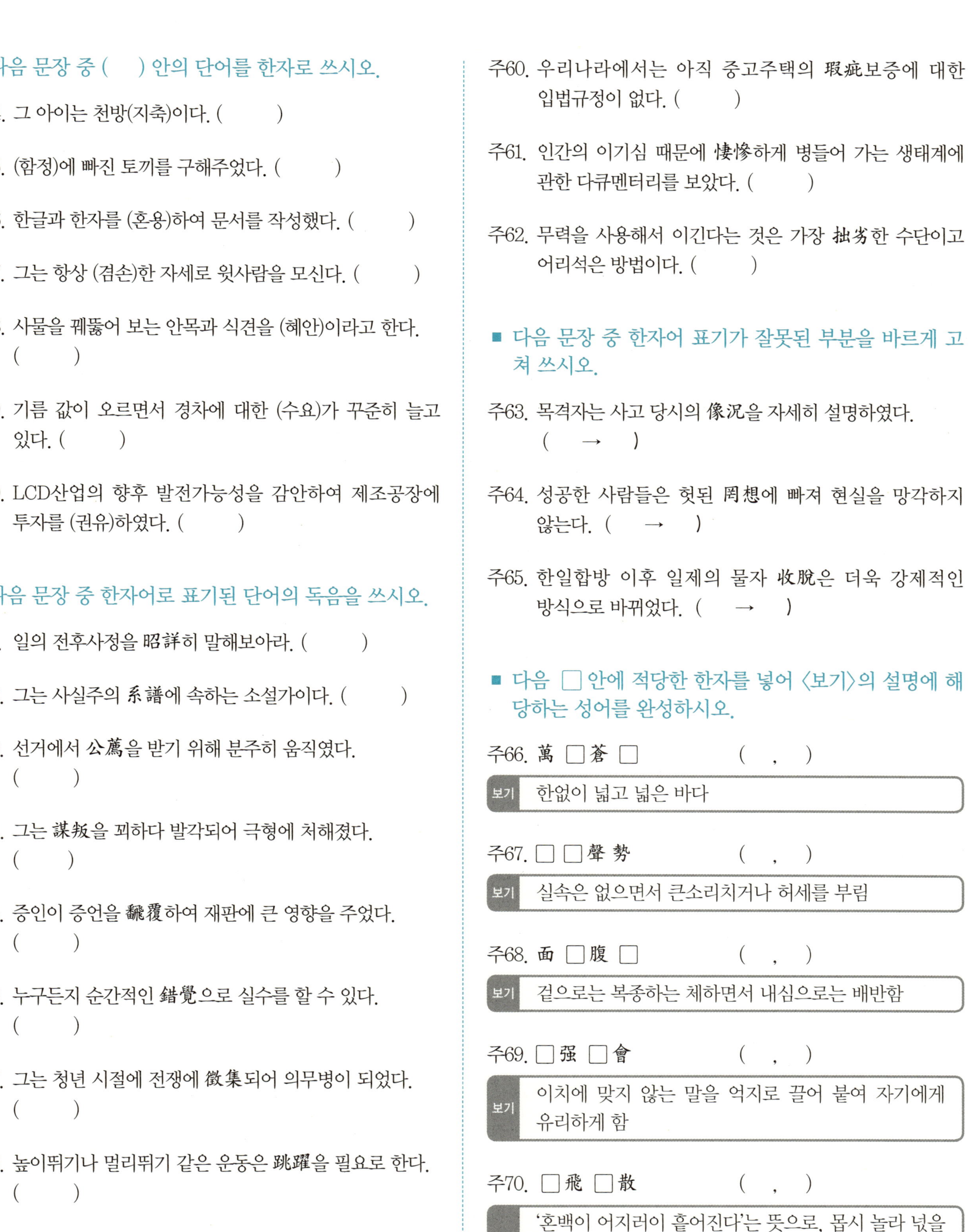

■ 다음 문장 중 ( ) 안의 단어를 한자로 쓰시오.

주44. 그 아이는 천방(지축)이다. (   )

주45. (함정)에 빠진 토끼를 구해주었다. (   )

주46. 한글과 한자를 (혼용)하여 문서를 작성했다. (   )

주47. 그는 항상 (겸손)한 자세로 윗사람을 모신다. (   )

주48. 사물을 꿰뚫어 보는 안목과 식견을 (혜안)이라고 한다.
    (   )

주49. 기름 값이 오르면서 경차에 대한 (수요)가 꾸준히 늘고
    있다. (   )

주50. LCD산업의 향후 발전가능성을 감안하여 제조공장에
    투자를 (권유)하였다. (   )

■ 다음 문장 중 한자어로 표기된 단어의 독음을 쓰시오.

주51. 일의 전후사정을 昭詳히 말해보아라. (   )

주52. 그는 사실주의 系譜에 속하는 소설가이다. (   )

주53. 선거에서 公薦을 받기 위해 분주히 움직였다.
    (   )

주54. 그는 謀叛을 꾀하다 발각되어 극형에 처해졌다.
    (   )

주55. 증인이 증언을 飜覆하여 재판에 큰 영향을 주었다.
    (   )

주56. 누구든지 순간적인 錯覺으로 실수를 할 수 있다.
    (   )

주57. 그는 청년 시절에 전쟁에 徵集되어 의무병이 되었다.
    (   )

주58. 높이뛰기나 멀리뛰기 같은 운동은 跳躍을 필요로 한다.
    (   )

주59. 필기시험을 치른 후 그는 焦燥하게 결과를 기다렸다.
    (   )

주60. 우리나라에서는 아직 중고주택의 瑕疵보증에 대한
    입법규정이 없다. (   )

주61. 인간의 이기심 때문에 悽慘하게 병들어 가는 생태계에
    관한 다큐멘터리를 보았다. (   )

주62. 무력을 사용해서 이긴다는 것은 가장 拙劣한 수단이고
    어리석은 방법이다. (   )

■ 다음 문장 중 한자어 표기가 잘못된 부분을 바르게 고
  쳐 쓰시오.

주63. 목격자는 사고 당시의 像況을 자세히 설명하였다.
    (→   )

주64. 성공한 사람들은 헛된 罔想에 빠져 현실을 망각하지
    않는다. (→   )

주65. 한일합방 이후 일제의 물자 收脫은 더욱 강제적인
    방식으로 바뀌었다. (→   )

■ 다음 □ 안에 적당한 한자를 넣어 〈보기〉의 설명에 해
  당하는 성어를 완성하시오.

주66. 萬 □ 蒼 □   (,   )

보기	한없이 넓고 넓은 바다

주67. □ □ 聲 勢   (,   )

보기	실속은 없으면서 큰소리치거나 허세를 부림

주68. 面 □ 腹 □   (,   )

보기	겉으로는 복종하는 체하면서 내심으로는 배반함

주69. □ 强 □ 會   (,   )

보기	이치에 맞지 않는 말을 억지로 끌어 붙여 자기에게 유리하게 함

주70. □ 飛 □ 散   (,   )

보기	'혼백이 어지러이 흩어진다'는 뜻으로, 몹시 놀라 넋을 잃음을 이르는 말

정답

정 답

한자자격시험 2급 예상문제 01

객관식 정답		주관식 정답			
1. ②	16. ①	주1. 어깨 견	주16. 勵	주31. 여진	주46. 金融	주61. 분열
2. ①	17. ③	주2. 클 홍	주17. 閥	주32. 요통	주47. 派遣	주62. 진료
3. ④	18. ④	주3. 갈매기 구	주18. 閨	주33. 대작	주48. 誇示	주63. 針, 沈
4. ③	19. ④	주4. 허깨비, 변할 환	주19. 穴	주34. 위증	주49. 訴訟	주64. 腐, 附
5. ③	20. ①	주5. 봉할 봉	주20. 靴	주35. 음담	주50. 檢査	주65. 息, 殖
6. ④	21. ④	주6. 표범 표	주21. 감회	주36. 魄	주51. 분묘	주66. 齒, 腐
7. ③	22. ①	주7. 불쌍히 여길 민	주22. 낭보	주37. 詳	주52. 섬유	주67. 鷄, 鶴
8. ①	23. ①	주8. 막힐 체	주23. 호연	주38. 壓	주53. 이사	주68. 以, 制
9. ②	24. ③	주9. 뽕나무 상	주24. 빈삭	주39. 裁	주54. 기발	주69. 指, 鹿
10. ②	25. ④	주10. 매질할 달	주25. 표백	주40. 縮	주55. 서약	주70. 鐵, 殺
11. ④	26. ③	주11. 쇠사슬 쇄	주26. 승가	주41. 透	주56. 공손	
12. ③	27. ③	주12. 아이 밸 임	주27. 청령	주42. 蛇	주57. 순환	
13. ②	28. ①	주13. 살필 심	주28. 안장	주43. 遂	주58. 억제	
14. ①	29. ③	주14. 치마 상	주29. 인척	주44. 紹介	주59. 살포	
15. ③	30. ④	주15. 絞	주30. 연식	주45. 軟弱	주60. 종묘	

한자자격시험 2급 예상문제 02

객관식 정답		주관식 정답			
1. ①	16. ①	주1. 즐길 오	주16. 箱	주31. 장원	주46. 糖分	주61. 궤도
2. ③	17. ①	주2. 말탈 기	주17. 睡	주32. 방역	주47. 拍手	주62. 긍정
3. ②	18. ①	주3. 단장할 장	주18. 畏	주33. 재상	주48. 蘇生	주63. 煩, 飜
4. ③	19. ③	주4. 어찌 나	주19. 牙	주34. 알선	주49. 資本	주64. 諮, 恣
5. ④	20. ③	주5. 쫄, 다듬을 탁	주20. 笛	주35. 단혜	주50. 平生	주65. 殆, 颱
6. ④	21. ①	주6. 질그릇 도	주21. 횡액	주36. 夢	주51. 선물	주66. 履, 薄
7. ①	22. ②	주7. 시위 현	주22. 막연	주37. 燥	주52. 단서	주67. 錦, 添
8. ④	23. ④	주8. 난간 란	주23. 상시	주38. 簡	주53. 범람	주68. 好, 魔
9. ③	24. ③	주9. 총 총	주24. 요도	주39. 愼	주54. 괴멸	주69. 破, 邪
10. ③	25. ②	주10. 갈 마	주25. 단모	주40. 逐	주55. 훼손	주70. 苦, 策
11. ①	26. ①	주11. 읊을 영	주26. 수확	주41. 蹴	주56. 만행	
12. ②	27. ④	주12. 솜 면	주27. 경간	주42. 頗	주57. 재배	
13. ③	28. ②	주13. 안개 무	주28. 경혈	주43. 需	주58. 이윤	
14. ④	29. ③	주14. 꿀 밀	주29. 소각	주44. 招聘	주59. 준수	
15. ①	30. ③	주15. 苗	주30. 울창	주45. 參禪	주60. 호걸	

한자자격시험 2급 예상문제 03

객관식 정답		주관식 정답			
1. ④	16. ③	주1. 굴 굴	주16. 肝	주31. 용모	주46. 湯藥	주61. 미신
2. ②	17. ②	주2. 집 각	주17. 雙	주32. 벽안	주47. 高齡	주62. 증오
3. ①	18. ①	주3. 물가 주	주18. 矢	주33. 농락	주48. 問題	주63. 金, 琴
4. ④	19. ④	주4. 겸손할 겸	주19. 刃	주34. 도감	주49. 塵土	주64. 半, 伴
5. ②	20. ①	주5. 냄새 취	주20. 徹	주35. 표찰	주50. 碩士	주65. 姑, 枯
6. ①	21. ④	주6. 찾을 심	주21. 예약	주36. 郊	주51. 동요	주66. 角, 齒
7. ①	22. ③	주7. 저 이	주22. 융통	주37. 殃	주52. 포함	주67. 擊, 壤
8. ②	23. ④	주8. 꾸밀 식	주23. 삽화	주38. 纖	주53. 붕괴	주68. 萬, 頃
9. ③	24. ①	주9. 꿈 몽	주24. 효신	주39. 惑	주54. 오류	주69. 强, 附
10. ②	25. ③	주10. 도둑 비	주25. 연식	주40. 鹽	주55. 해동	주70. 負, 戴
11. ④	26. ③	주11. 밝을 랑	주26. 신장	주41. 裂	주56. 선회	
12. ①	27. ②	주12. 높을 륭	주27. 체임	주42. 軸	주57. 천도	
13. ②	28. ④	주13. 과자 과	주28. 신속	주43. 揭	주58. 파직	
14. ①	29. ④	주14. 떨어질 령	주29. 찰나	주44. 頻度	주59. 획득	
15. ④	30. ①	주15. 傘	주30. 용인	주45. 衰退	주60. 근거	

정 답

한자자격시험 2급 예상문제 04

객관식 정답

1. ③	16. ②		
2. ①	17. ①		
3. ④	18. ④		
4. ③	19. ③		
5. ②	20. ④		
6. ②	21. ②		
7. ③	22. ①		
8. ①	23. ②		
9. ④	24. ①		
10. ③	25. ④		
11. ②	26. ③		
12. ④	27. ④		
13. ③	28. ①		
14. ①	29. ②		
15. ②	30. ①		

주관식 정답

주1. 마룻대 동	주16. 粟	주31. 경혈	주46. 充分	주61. 구금
주2. 배반할 반	주17. 沐	주32. 해협	주47. 坑道	주62. 할애
주3. 터 대	주18. 芽	주33. 좌랑	주48. 月曜日	주63. 浦, 捕
주4. 꿰맬 봉	주19. 昭	주34. 태교	주49. 雲集	주64. 蘇, 疏
주5. 무궁화 근	주20. 詠	주35. 폐간	주50. 蘭草	주65. 肥, 卑
주6. 창 모	주21. 홍범	주36. 越	주51. 애련	주66. 孤, 掌
주7. 맬 계	주22. 도화	주37. 諜	주52. 장부	주67. 姿, 質
주8. 사막 막	주23. 황량	주38. 擊	주53. 예치	주68. 頭, 狗
주9. 걸 괘	주24. 순음	주39. 弄	주54. 기도	주69. 抱, 腹
주10. 해산할 만	주25. 탁마	주40. 靈	주55. 하역	주70. 聲, 勢
주11. 덮을 개	주26. 뇌성	주41. 牽	주56. 위암	
주12. 되 승	주27. 규정	주42. 拔	주57. 산하	
주13. 사로잡을 로	주28. 조치	주43. 稚	주58. 분열	
주14. 누구 숙	주29. 낙양	주44. 幻想	주59. 중매	
주15. 伯	주30. 금수	주45. 日沒	주60. 안녕	

한자자격시험 2급 예상문제 05

객관식 정답

1. ④	16. ④		
2. ①	17. ②		
3. ②	18. ③		
4. ③	19. ④		
5. ②	20. ③		
6. ②	21. ④		
7. ④	22. ②		
8. ①	23. ①		
9. ①	24. ③		
10. ④	25. ④		
11. ③	26. ②		
12. ②	27. ③		
13. ②	28. ①		
14. ②	29. ①		
15. ①	30. ①		

주관식 정답

주1. 답답할 울	주16. 訴	주31. 하물	주46. 洗手	주61. 훼손
주2. 달릴 취	주17. 粟	주32. 만취	주47. 齒科	주62. 축구
주3. 밝을 정	주18. 閨	주33. 입자	주48. 愼重	주63. 浪, 朗
주4. 물리칠 척	주19. 箱	주34. 병렬	주49. 逐出	주64. 陶, 途
주5. 빛날 란	주20. 影	주35. 견직물	주50. 頗多	주65. 舜, 瞬
주6. 물방울 적	주21. 감정	주36. 蠶	주51. 탄신	주66. 必, 滅
주7. 뺄, 뽑을 추	주22. 휴게	주37. 衷	주52. 유지	주67. 有, 耶
주8. 머무를 주	주23. 체신	주38. 潤	주53. 참선	주68. 切, 齒
주9. 사나울 학	주24. 방자	주39. 賦	주54. 건반	주69. 適, 所
주10. 어조사 혜	주25. 백작	주40. 肯	주55. 주옥	주70. 壤, 差
주11. 날개 익	주26. 연적	주41. 猛	주56. 현수막	
주12. 떨어질 령	주27. 압송	주42. 譯	주57. 기권	
주13. 저울대 형	주28. 진동	주43. 遵	주58. 파괴	
주14. 쇠약할 쇠	주29. 종언	주44. 吉夢	주59. 수치	
주15. 哭	주30. 침대	주45. 蠻行	주60. 미세	

한자자격시험 2급 예상문제 06

객관식 정답

1. ②	16. ④		
2. ①	17. ②		
3. ②	18. ④		
4. ④	19. ④		
5. ③	20. ①		
6. ④	21. ①		
7. ③	22. ②		
8. ①	23. ②		
9. ④	24. ②		
10. ③	25. ①		
11. ②	26. ④		
12. ②	27. ③		
13. ①	28. ②		
14. ②	29. ①		
15. ④	30. ④		

주관식 정답

주1. 다스릴 윤	주16. 癌	주31. 답보	주46. 稱讚	주61. 악수
주2. 잠길 잠	주17. 燥	주32. 응결	주47. 申告	주62. 적발
주3. 자석 자	주18. 捉	주33. 간구	주48. 主要	주63. 炭, 誕
주4. 아이 밸 신	주19. 楓	주34. 구독	주49. 寬大	주64. 港, 巷
주5. 나타날 현	주20. 颱	주35. 제어	주50. 閨秀	주65. 確, 穫
주6. 빛날 휘	주21. 요순	주36. 眉	주51. 연락	주66. 滄, 粟
주7. 오랑캐 호	주22. 촉대	주37. 爵	주52. 청렴	주67. 走, 加
주8. 돌아올 환	주23. 양류	주38. 隱	주53. 배상	주68. 奪, 胎
주9. 탐낼 탐	주24. 번잡	주39. 艦	주54. 몰수	주69. 孤, 援
주10. 탄식할 희	주25. 준법	주40. 僑	주55. 사치	주70. 蜜, 腹
주11. 뺄, 뽑을 추	주26. 파벌	주41. 僻	주56. 흥분	
주12. 가죽신 화	주27. 범람	주42. 遜	주57. 난상	
주13. 옻 칠	주28. 괴멸	주43. 獄	주58. 구현	
주14. 처마 헌	주29. 이토	주44. 森林	주59. 극단	
주15. 톱	주30. 좌선	주45. 人蔘	주60. 주둔	

정 답

한자자격시험 2급 예상문제 07

객관식 정답		주관식 정답					
1. ③	16. ①	주1. 힘줄 근	주16. 梧	주31. 엄숙	주46. 洪水	주61. 소송
2. ①	17. ①	주2. 뛸 도	주17. 畏	주32. 탁마	주47. 獻身	주62. 화창
3. ④	18. ②	주3. 즐길, 긍정할 긍	주18. 疾	주33. 합주	주48. 善行	주63. 札, 刹
4. ④	19. ④	주4. 언덕 구	주19. 牙	주34. 동침	주49. 後退	주64. 標, 漂
5. ①	20. ①	주5. 모실 시	주20. 旱	주35. 기탁	주50. 皮膚	주65. 濯, 濁
6. ④	21. ②	주6. 거울 감	주21. 연묵	주36. 屬	주51. 이모	주66. 博, 識
7. ①	22. ③	주7. 마귀 마	주22. 호기	주37. 誘	주52. 구사	주67. 謙, 讓
8. ①	23. ③	주8. 성곽 곽	주23. 비원	주38. 赦	주53. 비축	주68. 腹, 劍
9. ②	24. ①	주9. 맥, 줄기 맥	주24. 협박	주39. 臺	주54. 예민	주69. 脣, 寒
10. ②	25. ②	주10. 들 교	주25. 하자	주40. 廳	주55. 접영	주70. 割, 據
11. ③	26. ④	주11. 밀칠, 물리칠 배	주26. 묘비	주41. 焦	주56. 학살	
12. ①	27. ②	주12. 보낼 견	주27. 강령	주42. 獸	주57. 귀신	
13. ④	28. ①	주13. 질그릇 도	주28. 헌호	주43. 蜜	주58. 섭취	
14. ③	29. ②	주14. 방패 순	주29. 수필	주44. 凍傷	주59. 경사	
15. ①	30. ③	주15. 賁	주30. 야단	주45. 諫言	주60. 추호	

한자자격시험 2급 예상문제 08

객관식 정답		주관식 정답					
1. ③	16. ④	주1. 입술 순	주16. 筋	주31. 절규	주46. 焦眉	주61. 모함
2. ①	17. ①	주2. 계수나무 계	주17. 琴	주32. 치장	주47. 步幅	주62. 석방
3. ②	18. ①	주3. 훔칠 절	주18. 冥	주33. 비속	주48. 商店	주63. 赴, 腐
4. ③	19. ①	주4. 미칠 광	주19. 叫	주34. 박장	주49. 漂流	주64. 燕, 軟
5. ①	20. ②	주5. 시끄러울 소	주20. 腰	주35. 자성란	주50. 行星	주65. 矛, 模
6. ②	21. ③	주6. 줄 사	주21. 준수	주36. 沒	주51. 근신	주66. 柔, 剛
7. ①	22. ①	주7. 되 승	주22. 포기	주37. 昇	주52. 용접	주67. 奮, 鬪
8. ②	23. ④	주8. 오를 등	주23. 수식	주38. 荷	주53. 조치	주68. 齊, 眉
9. ④	24. ③	주9. 여자종 비	주24. 사악	주39. 率	주54. 파직	주69. 焉, 敢
10. ④	25. ①	주10. 붙을 속	주25. 음습	주40. 獲	주55. 주둔	주70. 聽, 塗
11. ③	26. ③	주11. 뱀 사	주26. 초빙	주41. 遷	주56. 기로	
12. ①	27. ②	주12. 손 빈	주27. 음란	주42. 廟	주57. 비유	
13. ④	28. ②	주13. 살 구	주28. 후작	주43. 閱	주58. 울적	
14. ①	29. ③	주14. 욀 송	주29. 마약	주44. 信賴	주59. 함축	
15. ②	30. ①	주15. 塊	주30. 저장	주45. 勸誘	주60. 당분	

한자자격시험 2급 예상문제 09

객관식 정답		주관식 정답					
1. ①	16. ④	주1. 사당 사	주16. 殆	주31. 신성	주46. 期間	주61. 선박
2. ①	17. ③	주2. 오랑캐 만	주17. 玄	주32. 은총	주47. 利益	주62. 포획
3. ②	18. ①	주3. 점괘 괘	주18. 灰	주33. 후음	주48. 壓力	주63. 夢, 蒙
4. ④	19. ②	주4. 붙을 부	주19. 縣	주34. 주산	주49. 徐行	주64. 孟, 猛
5. ③	20. ③	주5. 물리칠 척	주20. 佐	주35. 소식	주50. 瞬間	주65. 塡, 奮
6. ①	21. ①	주6. 그물 망	주21. 박장	주36. 貌	주51. 칠기	주66. 塞, 翁
7. ④	22. ②	주7. 심할, 연극 극	주22. 보석	주37. 滑	주52. 철수	주67. 隔, 感
8. ①	23. ③	주8. 사당 묘	주23. 각운	주38. 欄	주53. 표변	주68. 蓄, 怨
9. ②	24. ③	주9. 말탈 기	주24. 알현	주39. 滄	주54. 악취	주69. 維, 谷
10. ④	25. ①	주10. 후미질 벽	주25. 요통	주40. 愧	주55. 지각	주70. 定, 離
11. ②	26. ②	주11. 돋울 도	주26. 중니	주41. 掠	주56. 소명	
12. ①	27. ①	주12. 펼 신	주27. 비명	주42. 睡	주57. 혼미	
13. ②	28. ④	주13. 나이 령	주28. 교사	주43. 煉	주58. 교편	
14. ①	29. ③	주14. 자줏빛 자	주29. 상충	주44. 信賴	주59. 분출	
15. ③	30. ③	주15. 墻	주30. 주선	주45. 分娩	주60. 접촉	

정답

한자자격시험 2급 예상문제 **10**

객관식 정답		주관식 정답				
1. ①	16. ②	주1. 탈 초	주16. 殆	주31. 혈거	주46. 聖君	주61. 기만
2. ③	17. ③	주2. 자랑할 과	주17. 森	주32. 도원	주47. 鳥類	주62. 대지
3. ②	18. ②	주3. 실마리 서	주18. 灰	주33. 대위	주48. 招聘	주63. 短, 斷
4. ①	19. ①	주4. 미칠 광	주19. 縣	주34. 절규	주49. 將帥	주64. 極, 劇
5. ④	20. ④	주5. 꽂을 삽	주20. 佐	주35. 위안	주50. 傘下	주65. 幣, 弊
6. ①	21. ④	주6. 눈썹 미	주21. 둔각	주36. 蝶	주51. 기반	주66. 觸, 卽
7. ③	22. ②	주7. 다락 루	주22. 궐명	주37. 綿	주52. 반역	주67. 塗, 炭
8. ②	23. ①	주8. 도둑 비	주23. 안면	주38. 膽	주53. 장식	주68. 無, 縫
9. ④	24. ④	주9. 토할 구	주24. 타락	주39. 渡	주54. 안마	주69. 鼓, 腹
10. ④	25. ②	주10. 누를, 수결 압	주25. 방직	주40. 遮	주55. 함정	주70. 腹, 背
11. ②	26. ②	주11. 덮을 개	주26. 기침	주41. 鎖	주56. 측은	
12. ①	27. ②	주12. 그림자 영	주27. 견직	주42. 緊	주57. 수선	
13. ②	28. ③	주13. 어깨 견	주28. 염산	주43. 陶	주58. 수사	
14. ①	29. ④	주14. 어길 위	주29. 동헌	주44. 滅亡	주59. 삭감	
15. ③	30. ④	주15. 蔘	주30. 점등	주45. 伯父	주60. 통솔	

한자자격시험 2급 예상문제 **11**

객관식 정답		주관식 정답				
1. ④	16. ①	주1. 도타울 돈	주16. 碩	주31. 긴급	주46. 古墳	주61. 긍지
2. ①	17. ①	주2. 미혹할 미	주17. 偶	주32. 교사	주47. 伯父	주62. 환멸
3. ②	18. ④	주3. 아교 교	주18. 折	주33. 안항	주48. 落葉	주63. 徵, 懲
4. ①	19. ④	주4. 방패 순	주19. 幽	주34. 도탄	주49. 魂魄	주64. 滯, 替
5. ③	20. ②	주5. 구덩이 갱	주20. 津	주35. 쾌속정	주50. 便安	주65. 校, 郊
6. ②	21. ③	주6. 같을, 닮을 사	주21. 엽기	주36. 削	주51. 제휴	주66. 滅, 裂
7. ②	22. ②	주7. 쪽 람	주22. 찬양	주37. 惹	주52. 단서	주67. 遂, 薦
8. ①	23. ①	주8. 오동나무 오	주23. 재배	주38. 殆	주53. 미간	주68. 適, 所
9. ④	24. ③	주9. 뒤칠, 바뀔 번	주24. 범람	주39. 濁	주54. 모형	주69. 枯, 衰
10. ④	25. ④	주10. 모실 시	주25. 야만	주40. 僞	주55. 침략	주70. 無, 敵
11. ③	26. ③	주11. 문벌 벌	주26. 시신	주41. 辭	주56. 구속	
12. ①	27. ④	주12. 장수 수	주27. 농성	주42. 廢	주57. 고민	
13. ②	28. ③	주13. 묵묵할 묵	주28. 파악	주43. 聘	주58. 촉구	
14. ③	29. ③	주14. 살필 심	주29. 기습	주44. 崩壞	주59. 상술	
15. ①	30. ③	주15. 竝	주30. 승화	주45. 漁網	주60. 모욕	

한자자격시험 2급 예상문제 **12**

객관식 정답		주관식 정답				
1. ②	16. ②	주1. 저울대 형	주16. 排	주31. 석학	주46. 趣向	주61. 총애
2. ④	17. ④	주2. 무궁화 근	주17. 弄	주32. 요새	주47. 溪谷	주62. 포로
3. ③	18. ①	주3. 넓을 호	주18. 妃	주33. 자장	주48. 審判	주63. 諫, 幹
4. ①	19. ③	주4. 오장 장	주19. 伴	주34. 연골	주49. 埋沒	주64. 漠, 幕
5. ④	20. ①	주5. 언덕 릉	주20. 潭	주35. 미혹	주50. 冷氣	주65. 衆, 仲
6. ④	21. ②	주6. 벼슬 작	주21. 교정	주36. 却	주51. 부록	주66. 騎, 虎
7. ①	22. ①	주7. 속 리	주22. 창원	주37. 磨	주52. 봉기	주67. 武, 陵
8. ②	23. ①	주8. 손톱 조	주23. 근력	주38. 搬	주53. 염치	주68. 汚, 吏
9. ④	24. ④	주9. 칠 격	주24. 전파	주39. 需	주54. 인접	주69. 麥, 秀
10. ③	25. ②	주10. 큰산 악	주25. 등사	주40. 棟	주55. 도약	주70. 優, 柔
11. ④	26. ③	주11. 찔 증	주26. 참혹	주41. 朗	주56. 확산	
12. ④	27. ③	주12. 자루 표	주27. 독실	주42. 閱	주57. 칙서	
13. ②	28. ④	주13. 태어날 탄	주28. 초헌	주43. 尋	주58. 수사	
14. ①	29. ③	주14. 번식할 식	주29. 엽기	주44. 沐浴	주59. 남색	
15. ④	30. ④	주15. 坌	주30. 기선	주45. 匿名	주60. 소추	

정답

한자자격시험 2급 예상문제 **13**

객관식 정답		주관식 정답				
1. ①	16. ④	주1. 표할 표	주16. 疫	주31. 조어	주46. 謙遜	주61. 수반
2. ②	17. ①	주2. 두려워할 외	주17. 零	주32. 검색	주47. 興亡	주62. 치아
3. ①	18. ③	주3. 두루 편	주18. 炊	주33. 납치	주48. 啓蒙	주63. 閉, 廢
4. ④	19. ①	주4. 찔 악	주19. 翼	주34. 기성	주49. 誇張	주64. 閏, 潤
5. ③	20. ①	주5. 베개 침	주20. 型	주35. 맹수	주50. 防水	주65. 窮, 宮
6. ③	21. ④	주6. 구슬 주	주21. 견장	주36. 緯	주51. 동굴	주66. 厚, 顔
7. ②	22. ②	주7. 둘 조	주22. 마녀	주37. 潛	주52. 자문	주67. 累, 危
8. ①	23. ①	주8. 그윽할 유	주23. 비적	주38. 鑄	주53. 근거	주68. 容, 態
9. ①	24. ③	주9. 굽을 굴	주24. 야만	주39. 侯	주54. 무산	주69. 賊, 荷
10. ②	25. ③	주10. 골짜기 협	주25. 한해	주40. 違	주55. 해부	주70. 材, 所
11. ③	26. ④	주11. 넘칠 람	주26. 부기	주41. 蛇	주56. 광맥	
12. ①	27. ②	주12. 넋 혼	주27. 중용	주42. 懲	주57. 치졸	
13. ②	28. ②	주13. 벼슬 경	주28. 추징	주43. 護	주58. 상세	
14. ①	29. ②	주14. 넓을 박	주29. 발아	주44. 秋毫	주59. 사지	
15. ④	30. ③	주15. 尼	주30. 명찰	주45. 樓閣	주60. 상서	

한자자격시험 2급 예상문제 **14**

객관식 정답		주관식 정답				
1. ②	16. ③	주1. 국화 국	주16. 沙	주31. 인척	주46. 期間	주61. 선회
2. ①	17. ②	주2. 마를 조	주17. 掌	주32. 주둔	주47. 透明	주62. 탁송
3. ④	18. ①	주3. 대포 포	주18. 紹	주33. 함축	주48. 古稀	주63. 贊, 讚
4. ③	19. ④	주4. 단장할 장	주19. 滄	주34. 번뇌	주49. 謄本	주64. 絃, 弦
5. ①	20. ②	주5. 씨 핵	주20. 蘭	주35. 용선	주50. 雨傘	주65. 騰, 謄
6. ④	21. ④	주6. 아뢸 주	주21. 예인	주36. 魄	주51. 증발	주66. 森, 羅
7. ①	22. ①	주7. 던질 포	주22. 부의	주37. 狂	주52. 순환	주67. 泥, 狗
8. ②	23. ③	주8. 나루 진	주23. 창선	주38. 侮	주53. 순교	주68. 愚, 公
9. ③	24. ①	주9. 버금 중	주24. 운율	주39. 押	주54. 자외선	주69. 爐, 點
10. ②	25. ④	주10. 짙을 농	주25. 선서	주40. 趨	주55. 저장	주70. 纖, 纖
11. ④	26. ③	주11. 염탐할 첩	주26. 여정	주41. 靴	주56. 혹한	
12. ①	27. ④	주12. 굽을 굴	주27. 총격	주42. 僚	주57. 시해	
13. ②	28. ②	주13. 반딧불 형	주28. 태아	주43. 虐	주58. 신뢰	
14. ②	29. ③	주14. 북 고	주29. 분진	주44. 彫刻	주59. 증여	
15. ①	30. ②	주15. 況	주30. 해금	주45. 名譽	주60. 개선	

한자자격시험 2급 예상문제 **15**

객관식 정답		주관식 정답				
1. ①	16. ①	주1. 연할 연	주16. 臭	주31. 기증	주46. 來年	주61. 봉선화
2. ④	17. ④	주2. 잡을 착	주17. 互	주32. 간음	주47. 道路	주62. 회고
3. ②	18. ②	주3. 언덕 아	주18. 晏	주33. 연탄	주48. 隔年	주63. 襲, 濕
4. ②	19. ②	주4. 물리칠 척	주19. 蒼	주34. 일의	주49. 汽車	주64. 安, 墮
5. ③	20. ②	주5. 용서할 사	주20. 伊	주35. 월장	주50. 雙手	주65. 然, 燃
6. ①	21. ④	주6. 탐할 탐	주21. 부호	주36. 伸	주51. 연재	주66. 拔, 塞
7. ②	22. ③	주7. 다를 수	주22. 영탄	주37. 碩	주52. 취지	주67. 梁, 上
8. ①	23. ③	주8. 오랑캐 호	주23. 사유	주38. 淫	주53. 세입자	주68. 苦, 鬪
9. ④	24. ②	주9. 막을 애	주24. 산악	주39. 哨	주54. 은닉	주69. 堂, 狗
10. ②	25. ①	주10. 빛날 희	주25. 산발	주40. 騰	주55. 왜곡	주70. 謀, 術
11. ③	26. ①	주11. 거만할 오	주26. 오동	주41. 俸	주56. 교외	
12. ③	27. ④	주12. 새벽 효	주27. 악력	주42. 偵	주57. 우화	
13. ②	28. ③	주13. 아이 밸 임	주28. 궁원	주43. 徹	주58. 적막	
14. ①	29. ②	주14. 목구멍 후	주29. 신형	주44. 遲刻	주59. 삭풍	
15. ③	30. ②	주15. 幅	주30. 소위	주45. 銘心	주60. 항만	

정 답

한자자격시험 2급 예상문제 **16**

객관식 정답		주관식 정답				
1. ①	16. ②	주1. 모실 시	주16. 堯	주31. 시좌	주46. 走行	주61. 배상
2. ③	17. ④	주2. 두려워할 외	주17. 掌	주32. 황산	주47. 利益	주62. 질병
3. ②	18. ④	주3. 큰띠 신	주18. 慧	주33. 순화	주48. 燒却	주63. 薦, 遷
4. ③	19. ③	주4. 일, 받들 대	주19. 拘	주34. 남발	주49. 垂直	주64. 麗, 輿
5. ③	20. ②	주5. 운 운	주20. 桃	주35. 소식	주50. 元旦	주65. 耶, 惹
6. ②	21. ①	주6. 질그릇 도	주21. 연하	주36. 塊	주51. 단군	주66. 鬼, 沒
7. ①	22. ④	주7. 허리 요	주22. 표백	주37. 惱	주52. 맥락	주67. 苦, 策
8. ②	23. ①	주8. 꼭두각시 괴	주23. 품사	주38. 嫌	주53. 규수	주68. 炎, 凉
9. ④	24. ③	주9. 제비 연	주24. 절취	주39. 謁	주54. 보필	주69. 編, 絕
10. ③	25. ④	주10. 멀 요	주25. 점진	주40. 催	주55. 삼각주	주70. 桑, 碧
11. ①	26. ④	주11. 나루 진	주26. 전주	주41. 濃	주56. 소집	
12. ④	27. ②	주12. 빠질 닉	주27. 간장	주42. 覇	주57. 우화	
13. ④	28. ③	주13. 재상 재	주28. 영총	주43. 峽	주58. 비옥	
14. ②	29. ③	주14. 벌 봉	주29. 연숙	주44. 僞證	주59. 지뢰	
15. ①	30. ①	주15. 尹	주30. 축포	주45. 木枕	주60. 우체국	

한자자격시험 2급 기출문제 **01**

객관식 정답		주관식 정답				
1. ①	16. ②	주1. 막힐 체	주16. 哭	주31. 헌호	주46. 稱讚	주61. 사양
2. ③	17. ③	주2. 포로 로	주17. 漸	주32. 면려	주47. 捕捉	주62. 나락
3. ②	18. ①	주3. 부고 부	주18. 遲	주33. 탁마	주48. 凍傷	주63. 慙, 慘
4. ④	19. ③	주4. 뽕나무 상	주19. 憩	주34. 번역	주49. 西歐的	주64. 載, 栽
5. ②	20. ④	주5. 벼슬 경	주20. 似	주35. 은닉	주50. 矛盾	주65. 津, 塵
6. ①	21. ①	주6. 훔칠, 도둑 절	주21. 긴축	주36. 弄	주51. 요원	주66. 腐, 心
7. ③	22. ③	주7. 깨어날 소	주22. 구박	주37. 透	주52. 용렬	주67. 唱, 婦
8. ④	23. ①	주8. 흉터 흔	주23. 징벌	주38. 慰	주53. 혜안	주68. 紅, 裳
9. ①	24. ②	주9. 어지러울 분	주24. 후작	주39. 肅	주54. 하역	주69. 如, 履
10. ②	25. ④	주10. 버릴 기	주25. 편파	주40. 奮	주55. 좌랑	주70. 奪, 胎
11. ④	26. ③	주11. 새장 롱	주26. 연고	주41. 膽	주56. 소장	
12. ③	27. ④	주12. 어릴 몽	주27. 사료	주42. 篤	주57. 억류	
13. ②	28. ①	주13. 그릇될 류	주28. 연유	주43. 閥	주58. 엽기	
14. ④	29. ②	주14. 부끄러울 치	주29. 의뢰	주44. 元旦	주59. 초미	
15. ③	30. ④	주15. 芽	주30. 장수	주45. 凝固	주60. 인접	

한자자격시험 2급 기출문제 **02**

객관식 정답		주관식 정답				
1. ②	16. ③	주1. 어두울 명	주16. 哨	주31. 세율	주46. 信賴	주61. 분진
2. ①	17. ①	주2. 줄기 간	주17. 遮	주32. 이행	주47. 肯定	주62. 돈독
3. ④	18. ④	주3. 도울 좌	주18. 執	주33. 파악	주48. 承諾	주63. 卒, 拙
4. ③	19. ①	주4. 잡을 착	주19. 崩	주34. 윤삭	주49. 障碍	주64. 感, 鑑
5. ①	20. ③	주5. 배부를 포	주20. 紊	주35. 습격	주50. 蛇足	주65. 豪, 毫
6. ②	21. ②	주6. 이를 위	주21. 편벽	주36. 療	주51. 사약	주66. 塞, 源
7. ④	22. ④	주7. 토끼 토	주22. 봉황	주37. 封	주52. 군수	주67. 掌, 難
8. ①	23. ③	주8. 소금 염	주23. 탄사	주38. 劇	주53. 압수	주68. 一, 粟
9. ④	24. ①	주9. 빛날 희	주24. 주둔	주39. 漫	주54. 전세	주69. 牽, 附
10. ②	25. ④	주10. 우산 산	주25. 회포	주40. 程	주55. 교량	주70. 快, 麻
11. ③	26. ②	주11. 묻을 매	주26. 번안	주41. 漏	주56. 심의	
12. ①	27. ③	주12. 물리칠 척	주27. 양해	주42. 訣	주57. 소굴	
13. ②	28. ①	주13. 이랑, 잠깐 경	주28. 용렬	주43. 震	주58. 구릉	
14. ④	29. ②	주14. 바꿀, 체	주29. 별첨	주44. 虛飢	주59. 개축	
15. ④	30. ①	주15. 掛	주30. 맥락	주45. 肅然	주60. 도탄	

정 답

한자자격시험 2급 기출문제 03

| 객관식 정답 | 주관식 정답 |

1. ③	16. ①	주1. 큰기러기 홍	주16. 隆	주31. 저촉	주46. 撤收	주61. 진액
2. ②	17. ③	주2. 담 장	주17. 絹	주32. 찬송	주47. 壇上	주62. 상서
3. ③	18. ②	주3. 벼 도	주18. 戚	주33. 봉밀	주48. 骨多孔症	주63. 播, 波
4. ①	19. ④	주4. 거리 항	주19. 卦	주34. 독촉	주49. 坑道	주64. 替, 締
5. ④	20. ③	주5. 실 산	주20. 削	주35. 태만	주50. 毁損	주65. 伴, 搬
6. ②	21. ②	주6. 겨우 근	주21. 참회	주36. 悼	주51. 첨부	주66. 厚, 恥
7. ①	22. ④	주7. 암컷 자	주22. 질색	주37. 濃	주52. 포기	주67. 多, 魔
8. ④	23. ①	주8. 조 속	주23. 영양	주38. 誘	주53. 고용	주68. 柔, 剛
9. ③	24. ③	주9. 구멍 혈	주24. 민폐	주39. 杜	주54. 추대	주69. 角, 齒
10. ③	25. ①	주10. 지름길 경	주25. 천도	주40. 碑	주55. 누차	주70. 炎, 態
11. ①	26. ②	주11. 넓을 호	주26. 파직	주41. 寡	주56. 관할	
12. ④	27. ④	주12. 고요할 적	주27. 현안	주42. 銃	주57. 미세	
13. ②	28. ①	주13. 재 회	주28. 구제	주43. 濫	주58. 취지	
14. ①	29. ③	주14. 월 송	주29. 게양	주44. 反騰	주59. 호사	
15. ④	30. ②	주15. 糖	주30. 추잡	주45. 焦燥	주60. 연적	

한자자격시험 2급 기출문제 04

| 객관식 정답 | 주관식 정답 |

1. ②	16. ③	주1. 정성 간	주16. 邪	주31. 대관	주46. 混用	주61. 처참
2. ③	17. ②	주2. 모을 축	주17. 葛	주32. 장악	주47. 謙遜	주62. 졸렬
3. ①	18. ①	주3. 빌 도	주18. 贈	주33. 염산	주48. 慧眼	주63. 像, 狀
4. ④	19. ③	주4. 흐릴 탁	주19. 謄	주34. 절도	주49. 需要	주64. 罔, 妄
5. ③	20. ③	주5. 부추길 사	주20. 鷗	주35. 편집	주50. 勸誘	주65. 脫, 奪
6. ④	21. ①	주6. 찔 증	주21. 위폐	주36. 毫	주51. 소상	주66. 頃, 波
7. ①	22. ②	주7. 단풍 풍	주22. 답습	주37. 寂	주52. 계보	주67. 虛, 張
8. ②	23. ③	주8. 업신여길 모	주23. 주둔	주38. 參	주53. 공천	주68. 從, 背
9. ④	24. ②	주9. 힘줄 근	주24. 아교	주39. 攝	주54. 모반	주69. 牽, 附
10. ④	25. ④	주10. 용서할 사	주25. 항만	주40. 滑	주55. 번복	주70. 魂, 魄
11. ②	26. ①	주11. 낳을 탄	주26. 순면	주41. 稚	주56. 착각	
12. ①	27. ④	주12. 골짜기 협	주27. 병창	주42. 賤	주57. 징집	
13. ④	28. ①	주13. 목구멍 후	주28. 섬유	주43. 棟	주58. 도약	
14. ③	29. ③	주14. 봉황 황	주29. 쇠잔	주44. 地軸	주59. 초조	
15. ②	30. ③	주15. 雁	주30. 단순	주45. 陷穽(檻穽)	주60. 하자	

국가공인 한자자격시험 답안지

사범, 1급 ~ 3급 응시자용

주관 : (사)한자교육진흥회
시행 : 한국한자실력평가원

| 1 | 1 |

회차	제 회	응시등급	
감독관 확 인	(서명)	사범	○
		1급	○
		2급	○
		3급	○

성 명

수 험 번 호

주 민 등 록 번 호

객 관 식 답 안 란

1	① ② ③ ④	16	① ② ③ ④	31	① ② ③ ④
2	① ② ③ ④	17	① ② ③ ④	32	① ② ③ ④
3	① ② ③ ④	18	① ② ③ ④	33	① ② ③ ④
4	① ② ③ ④	19	① ② ③ ④	34	① ② ③ ④
5	① ② ③ ④	20	① ② ③ ④	35	① ② ③ ④
6	① ② ③ ④	21	① ② ③ ④	36	① ② ③ ④
7	① ② ③ ④	22	① ② ③ ④	37	① ② ③ ④
8	① ② ③ ④	23	① ② ③ ④	38	① ② ③ ④
9	① ② ③ ④	24	① ② ③ ④	39	① ② ③ ④
10	① ② ③ ④	25	① ② ③ ④	40	① ② ③ ④
11	① ② ③ ④	26	① ② ③ ④	41	① ② ③ ④
12	① ② ③ ④	27	① ② ③ ④	42	① ② ③ ④
13	① ② ③ ④	28	① ② ③ ④	43	① ② ③ ④
14	① ② ③ ④	29	① ② ③ ④	44	① ② ③ ④
15	① ② ③ ④	30	① ② ③ ④	45	① ② ③ ④
				46	① ② ③ ④
				47	① ② ③ ④
				48	① ② ③ ④
				49	① ② ③ ④
				50	① ② ③ ④

※ 답안지 작성요령

1. 객관식 답은 해당번호에 검정색 펜으로 표기
   ▶바른표기 예 : ●
   ▶틀린표기 예 : ◐ ⊙ ⊗ ⊘
2. 객관식 답을 수정할 때는 수정테이프를 사용
3. 주관식 답을 수정할 때는 두줄로 긋고 작성
4. 본 답안지를 구기거나 훼손하지 마시오

문항	주관식 답안란	채점	문항	주관식 답안란	채점
주 1		○	주 16		○
주 2		○	주 17		○
주 3		○	주 18		○
주 4		○	주 19		○
주 5		○	주 20		○
주 6		○	주 21		○
주 7		○	주 22		○
주 8		○	주 23		○
주 9		○	주 24		○
주 10		○	주 25		○
주 11		○	주 26		○
주 12		○	주 27		○
주 13		○	주 28		○
주 14		○	주 29		○
주 15		○	주 30		○

※ 주관식 31~100번 답안란은 뒷면에 있음.

1 2

※ 응시자는 채점란의 ○표에 표기하지 마시오.

문항	주관식 답안란	채점	문항	주관식 답안란	채점	문항	주관식 답안란	채점	문항	주관식 답안란 (사범, 1급 용)	채점	문항	주관식 답안란 (사범, 1급 용)	채점
주 31		○	주 46		○	주 61		○	주 71		○	주 86		○
주 32		○	주 47		○	주 62		○	주 72		○	주 87		○
주 33		○	주 48		○	주 63		○	주 73		○	주 88		○
주 34		○	주 49		○	주 64		○	주 74		○	주 89		○
주 35		○	주 50		○	주 65		○	주 75		○	주 90		○
주 36		○	주 51		○	주 66		○	주 76		○	주 91		○
주 37		○	주 52		○	주 67		○	주 77		○	주 92		○
주 38		○	주 53		○	주 68		○	주 78		○	주 93		○
주 39		○	주 54		○	주 69		○	주 79		○	주 94		○
주 40		○	주 55		○	주 70		○	주 80		○	주 95		○
주 41		○	주 56		○				주 81		○	주 96		○
주 42		○	주 57		○				주 82		○	주 97		○
주 43		○	주 58		○				주 83		○	주 98		○
주 44		○	주 59		○				주 84		○	주 99		○
주 45		○	주 60		○				주 85		○	주 100		○

사범 급수 문장해석 점수
(응시자 표기 금지)

(백)

⓪ ① ② ③ ④ ⑤ ⑥ ⑦ ⑧ ⑨
⓪ ① ② ③ ④ ⑤ ⑥ ⑦ ⑧ ⑨

채점위원 확인란

초검위원	
재검위원	

사범, 1급 ~ 3급 응시자용

국가공인 한자자격시험 답안지

주관 : (사)한자교육진흥회
시행 : 한국한자실력평가원

1 1

회 차	제 회	응 시 등 급	
감독관 확 인	(서명)	사범	○
		1 급	○
		2 급	○
		3 급	○

성 명

수 험 번 호

주 민 등 록 번 호

객 관 식 답 안 란

1	① ② ③ ④	16	① ② ③ ④	31	① ② ③ ④
2	① ② ③ ④	17	① ② ③ ④	32	① ② ③ ④
3	① ② ③ ④	18	① ② ③ ④	33	① ② ③ ④
4	① ② ③ ④	19	① ② ③ ④	34	① ② ③ ④
5	① ② ③ ④	20	① ② ③ ④	35	① ② ③ ④
6	① ② ③ ④	21	① ② ③ ④	36	① ② ③ ④
7	① ② ③ ④	22	① ② ③ ④	37	① ② ③ ④
8	① ② ③ ④	23	① ② ③ ④	38	① ② ③ ④
9	① ② ③ ④	24	① ② ③ ④	39	① ② ③ ④
10	① ② ③ ④	25	① ② ③ ④	40	① ② ③ ④
11	① ② ③ ④	26	① ② ③ ④	41	① ② ③ ④
12	① ② ③ ④	27	① ② ③ ④	42	① ② ③ ④
13	① ② ③ ④	28	① ② ③ ④	43	① ② ③ ④
14	① ② ③ ④	29	① ② ③ ④	44	① ② ③ ④
15	① ② ③ ④	30	① ② ③ ④	45	① ② ③ ④
				46	① ② ③ ④
				47	① ② ③ ④
				48	① ② ③ ④
				49	① ② ③ ④
				50	① ② ③ ④

※ 답안지 작성요령

1. 객관식 답은 해당번호에 검정색 펜으로 표기
   ▶바른표기 예 : ●
   ▶틀린표기 예 : ◑ ⊙ ⊗ ⌀
2. 객관식 답을 수정할 때는 수정테이프를 사용
3. 주관식 답을 수정할 때는 두줄로 긋고 작성
4. 본 답안지를 구기거나 훼손하지 마시오

문항	주관식 답안란	채점	문항	주관식 답안란	채점
주 1		○	주 16		○
주 2		○	주 17		○
주 3		○	주 18		○
주 4		○	주 19		○
주 5		○	주 20		○
주 6		○	주 21		○
주 7		○	주 22		○
주 8		○	주 23		○
주 9		○	주 24		○
주 10		○	주 25		○
주 11		○	주 26		○
주 12		○	주 27		○
주 13		○	주 28		○
주 14		○	주 29		○
주 15		○	주 30		○

※ 주관식 31~100번 답안란은 뒷면에 있음.

※ 응시자는 채점란의 ○표에 표기하지 마시오.

문항	주관식 답안란	채점	문항	주관식 답안란	채점	문항	주관식 답안란	채점	문항	주관식 답안란 (사범, 1급 용)	채점	문항	주관식 답안란 (사범, 1급 용)	채점
주 31		○	주 46		○	주 61		○	주 71		○	주 86		○
주 32		○	주 47		○	주 62		○	주 72		○	주 87		○
주 33		○	주 48		○	주 63		○	주 73		○	주 88		○
주 34		○	주 49		○	주 64		○	주 74		○	주 89		○
주 35		○	주 50		○	주 65		○	주 75		○	주 90		○
주 36		○	주 51		○	주 66		○	주 76		○	주 91		○
주 37		○	주 52		○	주 67		○	주 77		○	주 92		○
주 38		○	주 53		○	주 68		○	주 78		○	주 93		○
주 39		○	주 54		○	주 69		○	주 79		○	주 94		○
주 40		○	주 55		○	주 70		○	주 80		○	주 95		○
주 41		○	주 56		○				주 81		○	주 96		○
주 42		○	주 57		○				주 82		○	주 97		○
주 43		○	주 58		○				주 83		○	주 98		○
주 44		○	주 59		○				주 84		○	주 99		○
주 45		○	주 60		○				주 85		○	주 100		○

사범 급수 문장해석 점수
(응시자 표기 금지)

백

⓪ ① ② ③ ④ ⑤ ⑥ ⑦ ⑧ ⑨
⓪ ① ② ③ ④ ⑤ ⑥ ⑦ ⑧ ⑨

채점위원 확인란	
초검위원	
재검위원	

1 2

사범, 1급 ～ 3급 응시자용

국가공인 한자자격시험 답안지

주관 : (사)한자교육진흥회
시행 : 한국한자실력평가원

1 1

회차	제　회	응시등급	
감독관 확인	(서명)	사범	○
		1급	○
		2급	○
		3급	○

성 명

수 험 번 호

주 민 등 록 번 호

객관식 답안란

1	① ② ③ ④	16	① ② ③ ④	31	① ② ③ ④
2	① ② ③ ④	17	① ② ③ ④	32	① ② ③ ④
3	① ② ③ ④	18	① ② ③ ④	33	① ② ③ ④
4	① ② ③ ④	19	① ② ③ ④	34	① ② ③ ④
5	① ② ③ ④	20	① ② ③ ④	35	① ② ③ ④
6	① ② ③ ④	21	① ② ③ ④	36	① ② ③ ④
7	① ② ③ ④	22	① ② ③ ④	37	① ② ③ ④
8	① ② ③ ④	23	① ② ③ ④	38	① ② ③ ④
9	① ② ③ ④	24	① ② ③ ④	39	① ② ③ ④
10	① ② ③ ④	25	① ② ③ ④	40	① ② ③ ④
11	① ② ③ ④	26	① ② ③ ④	41	① ② ③ ④
12	① ② ③ ④	27	① ② ③ ④	42	① ② ③ ④
13	① ② ③ ④	28	① ② ③ ④	43	① ② ③ ④
14	① ② ③ ④	29	① ② ③ ④	44	① ② ③ ④
15	① ② ③ ④	30	① ② ③ ④	45	① ② ③ ④
				46	① ② ③ ④
				47	① ② ③ ④
				48	① ② ③ ④
				49	① ② ③ ④
				50	① ② ③ ④

※ 답안지 작성요령

1. 객관식 답은 해당번호에 검정색 펜으로 표기
　▶바른표기 예 : ●
　▶틀린표기 예 : ◐ ⊙ ◓ ⊘
2. 객관식 답을 수정할 때는 수정테이프를 사용
3. 주관식 답을 수정할 때는 두줄로 긋고 작성
4. 본 답안지를 구기거나 훼손하지 마시오

문항	주관식 답안란	채점	문항	주관식 답안란	채점
주 1		○	주 16		○
주 2		○	주 17		○
주 3		○	주 18		○
주 4		○	주 19		○
주 5		○	주 20		○
주 6		○	주 21		○
주 7		○	주 22		○
주 8		○	주 23		○
주 9		○	주 24		○
주 10		○	주 25		○
주 11		○	주 26		○
주 12		○	주 27		○
주 13		○	주 28		○
주 14		○	주 29		○
주 15		○	주 30		○

※ 주관식 31～100번 답안란은 뒷면에 있음.

※ 응시자는 채점란의 ○표에 표기하지 마시오.

1 2

문항	주관식 답안란	채점	문항	주관식 답안란	채점	문항	주관식 답안란	채점	문항	주관식 답안란 (사범, 1급 용)	채점	문항	주관식 답안란 (사범, 1급 용)	채점
주 31		○	주 46		○	주 61		○	주 71		○	주 86		○
주 32		○	주 47		○	주 62		○	주 72		○	주 87		○
주 33		○	주 48		○	주 63		○	주 73		○	주 88		○
주 34		○	주 49		○	주 64		○	주 74		○	주 89		○
주 35		○	주 50		○	주 65		○	주 75		○	주 90		○
주 36		○	주 51		○	주 66		○	주 76		○	주 91		○
주 37		○	주 52		○	주 67		○	주 77		○	주 92		○
주 38		○	주 53		○	주 68		○	주 78		○	주 93		○
주 39		○	주 54		○	주 69		○	주 79		○	주 94		○
주 40		○	주 55		○	주 70		○	주 80		○	주 95		○
주 41		○	주 56		○				주 81		○	주 96		○
주 42		○	주 57		○				주 82		○	주 97		○
주 43		○	주 58		○				주 83		○	주 98		○
주 44		○	주 59		○				주 84		○	주 99		○
주 45		○	주 60		○				주 85		○	주 100		○

사범 급수 문장해석 점수
(응시자 표기 금지)

(백)
⓪ ① ② ③ ④ ⑤ ⑥ ⑦ ⑧ ⑨
⓪ ① ② ③ ④ ⑤ ⑥ ⑦ ⑧ ⑨

채점위원 확인란	
초검위원	
재검위원	

국가공인 한자자격시험 답안지

사범, 1급 ~ 3급 응시자용

주관 : (사)한자교육진흥회
시행 : 한국한자실력평가원

1 1

회차	제 회	응시등급	
감독관 확인	(서명)	사범	○
		1급	○
		2급	○
		3급	○

성 명

수 험 번 호

주 민 등 록 번 호

객 관 식 답 안 란

1	① ② ③ ④	16	① ② ③ ④	31	① ② ③ ④
2	① ② ③ ④	17	① ② ③ ④	32	① ② ③ ④
3	① ② ③ ④	18	① ② ③ ④	33	① ② ③ ④
4	① ② ③ ④	19	① ② ③ ④	34	① ② ③ ④
5	① ② ③ ④	20	① ② ③ ④	35	① ② ③ ④
6	① ② ③ ④	21	① ② ③ ④	36	① ② ③ ④
7	① ② ③ ④	22	① ② ③ ④	37	① ② ③ ④
8	① ② ③ ④	23	① ② ③ ④	38	① ② ③ ④
9	① ② ③ ④	24	① ② ③ ④	39	① ② ③ ④
10	① ② ③ ④	25	① ② ③ ④	40	① ② ③ ④
11	① ② ③ ④	26	① ② ③ ④	41	① ② ③ ④
12	① ② ③ ④	27	① ② ③ ④	42	① ② ③ ④
13	① ② ③ ④	28	① ② ③ ④	43	① ② ③ ④
14	① ② ③ ④	29	① ② ③ ④	44	① ② ③ ④
15	① ② ③ ④	30	① ② ③ ④	45	① ② ③ ④
				46	① ② ③ ④
				47	① ② ③ ④
				48	① ② ③ ④
				49	① ② ③ ④
				50	① ② ③ ④

※ 답안지 작성요령

1. 객관식 답은 해당번호에 검정색 펜으로 표기
   ▶바른표기 예 : ●
   ▶틀린표기 예 : ◐ ⊙ ⊗ ⊘
2. 객관식 답을 수정할 때는 수정테이프를 사용
3. 주관식 답을 수정할 때는 두줄로 긋고 작성
4. 본 답안지를 구기거나 훼손하지 마시오

문항	주관식 답안란	채점	문항	주관식 답안란	채점
주 1		○	주 16		○
주 2		○	주 17		○
주 3		○	주 18		○
주 4		○	주 19		○
주 5		○	주 20		○
주 6		○	주 21		○
주 7		○	주 22		○
주 8		○	주 23		○
주 9		○	주 24		○
주 10		○	주 25		○
주 11		○	주 26		○
주 12		○	주 27		○
주 13		○	주 28		○
주 14		○	주 29		○
주 15		○	주 30		○

※ 주관식 31~100번 답안란은 뒷면에 있음.

※ 응시자는 채점란의 ○표에 표기하지 마시오.

문항	주관식 답안란	채점	문항	주관식 답안란	채점	문항	주관식 답안란	채점	문항	주관식 답안란 (사범, 1급 용)	채점	문항	주관식 답안란 (사범, 1급 용)	채점
주 31		○	주 46		○	주 61		○	주 71		○	주 86		○
주 32		○	주 47		○	주 62		○	주 72		○	주 87		○
주 33		○	주 48		○	주 63		○	주 73		○	주 88		○
주 34		○	주 49		○	주 64		○	주 74		○	주 89		○
주 35		○	주 50		○	주 65		○	주 75		○	주 90		○
주 36		○	주 51		○	주 66		○	주 76		○	주 91		○
주 37		○	주 52		○	주 67		○	주 77		○	주 92		○
주 38		○	주 53		○	주 68		○	주 78		○	주 93		○
주 39		○	주 54		○	주 69		○	주 79		○	주 94		○
주 40		○	주 55		○	주 70		○	주 80		○	주 95		○
주 41		○	주 56		○				주 81		○	주 96		○
주 42		○	주 57		○				주 82		○	주 97		○
주 43		○	주 58		○				주 83		○	주 98		○
주 44		○	주 59		○				주 84		○	주 99		○
주 45		○	주 60		○				주 85		○	주 100		○

사범 급수 문장해석 점수
(응시자 표기 금지)

백

⓪ ① ② ③ ④ ⑤ ⑥ ⑦ ⑧ ⑨
⓪ ① ② ③ ④ ⑤ ⑥ ⑦ ⑧ ⑨

채점위원 확인란

초검위원	
재검위원	